ちくま文庫

新版 赤ちゃんのいる暮らし

毛利子来

筑摩書房

目次

ブックデザイン　さしえ　和田誠

新版　赤ちゃんのいる暮らし

産院から帰って

産院に別れを告げ、赤ちゃんを胸に抱いてわが家に帰ったとき、そのときから新たな暮らしが始まります。それは、男と女がいっしょに住み始めたときの、あの手触りと似たような現実であるでしょう。

いかにも頼りなげな存在であっても、二人のあいだに、いま一人の人間が割り込んで息づいているのです。当然、このひととの暮らしかたを意識せざるをえません。それに、このひとは、二人の行為の結果として目の前に現れて来ました。二人のこれまでの歴史が、ひとつに凝縮したものとしてあるのです。

とすれば、このひとは、二人の関係を相当に厳しく問う存在でもあるはずです。そして、これからは、そうした運命の間柄にある三人が、同居しようと別々に暮らそうと、からみ合って生きていくことになるのです。

赤ちゃんをわが家に迎えたとき、だれしもが覚える感慨は、きっとこんなところに根があるのでしょう。「わが子ができた」という回顧の思いと同時に、先行きへの希望と不安が交錯するのは当然です。

目の前の赤ちゃんはといえば、全身で生を営もうとしています。乳を求め、排泄に顔をしかめ、身をよじり、激しく泣き、そして深い眠りに落ちます。その様子は、おそらく、出産前に想像したイメージとは似ても似つかぬものでしょう。両親との相似もかならずしもはっきりしませんし、いとおしさも急に心にしみるとはかぎりません。ただ、はっきりしているのは、その生の営みに親たちが巻き込まれざるをえないということです。

甲高い泣き声をたてられれば冬の深夜でも起きねばなりませんし、寝息もたてずに静かにしていれば、そっとのぞかずにはいられないのが親の情です。母となった女性は胸乳《むなぢ》を求められるわけですが、それすら、育児書のグラビアを彩るようなファンタスチックなものではありません。

それは、母からの生命の摂取であり、子によって強烈であったり、弱かったり、ときに拒否的であったりさえもするでしょう。

こういう煩わしさに、親となった以上、なじんでいかなければなりません。そのためには気張らず、いやになったら適当にするくらいののんきさを持ったほうがよさそうです。完璧な世話よりも、見つめ、においをかぎ、愛撫して暮らしてください。すやすや眠るわが子を眺めながら、二人してワインなど傾けるひとときもいいものではないでしょうか。

自宅分娩、夫の立ち会い

いまでは稀れになってしまいましたが、自宅で夫や知人たちに助けられながら分娩した場合には、もうその瞬間から、「新たな暮らし」が始まることになるでしょう。いや、すでにその前、陣痛を覚えたときから、赤ちゃんは強いリアリティをもって夫婦と二人を囲むひとびとのあいだに存在し始めているにちがいありません。こういう赤ちゃんの迎え入れかたは、もっと普及してもよいと思います。手術台の上で消毒の臭いと白衣に取り巻かれてわが子と対面するのは、どこかよそよそしい感じがします。親しい者たちが住んでいるところで、声をひそめ、あるいは荒らげながら、みんなして真剣になって産む――それが本来の姿なのではないでしょうか。

ただ、自宅分娩では、大量出血とか仮死といった事故が起きたときに、適切な処置が取れません。これらは母子の命にかかわることなので、軽々しく考えてはならぬでしょう。安全な自宅分娩が可能になるために、学識と経験の豊富な助産師さんの訪問制度と、救急医療の体制を整備することが強く望まれるわけです。

それまでは、万一の場合を考えて産院で産むとしても、せめて夫だけでも立ち会うようにしたらどうでしょう。妻とすれば心強いし、夫も子の誕生を印象深く体験できるし、なによりニ人して産んだという実感を共有できるであろうことがすばらしい。産院の考えもあるでしょうが、心をこめて頼んでみるべきです。

でも、夫婦のどちらかがいやだとか都合がつかないときには無理することはないと思います。大事なのは、むしろ産んでからあとの二人の協力でしょうから。

産後のいらだち

赤ちゃんが親のからだと心になじむのには月日がかかります。母になったひとは出産そのものの疲れと、産後の体調の乱れに加えて、務めを果したあとの充実感と虚脱感に交互して見舞われるでしょう。家族内での自分の立場も、これまでとは大きくちがってくるはずです。場合によっては、そうした変動に耐えがたく、いらいらしたり、ふさぎこんでしまうこともありえます。父になったひとは、自分で腹を痛めたわけではないので、わが子に実感が湧きにくい。妻が産室に入ってからはひとりぼっちの淋しさに襲われたし、今こうして家に戻ってきても、妻は子にかかりきり、まるで取り残されたような感じにとらわれがちです。

これらはすべて、新しく迎えたひと、赤ちゃんを、どのように家族の中に入れていくか、そのとまどいと手探りの状態を示すもの。そこでは、夫婦のあいだで赤ちゃんを奪い合う、あるいは押しつけ合うような感情さえ起きかねません。

こういった状態のときには、とにかくそのままを自分で認めること。相手にも窮状を吐露できればもっと良い。そうしながら、時間を待つほかないと思います。「とき」はひとをなごますのに不可欠の要素です。しかも、この場合、ブルーな時期が強かったほど、あとでより深く幸せをかみしめられるのではないでしょうか。それまでは、見知らぬひととダンスをするみたいに、インビテイションから始まって、テンポとリズムを同調させながら、からだを近づけたり離したり、しだいに呼吸を合わせていくのです。これは赤ちゃんとの関係だけでなく、夫と妻のあいだでも改めて必要なことでしょう。とりわけ、妻としゅうとととの確執があるときには、夫が断然パートナーの役を果さねばならぬと思います。

授乳

親が乳房をあてがい、赤ちゃんが飲む——そこにあるのは、肉感に迫る人間同士の交渉です。ですから、さまざまなドラマが展開されないはずはありません。幸福な親子は、授乳を重ねるたびに、たがいに情愛を深め、しっとりとした一体感にひたってゆけるでしょう。くすんくすんと、ぐずり始めた赤ちゃんに、張りつめた乳房をあてがうと、むしゃぶりついてきて、リズミカルに飲みほしてしまう——そのときの母子の満足は最高だろうと思います。あとには赤ちゃんの快い眠りと母親の安堵が期待されるにちがいありません。

こうした場合には、なにも授乳のしかたについて思いわずらうことはないでしょう。なん時間おきといった間隔や、夜間の授乳の是非など考えずに、求められたときに与

えていればよいのです。

間隔は、赤ちゃんによってすごくちがうので、だれもが同じようにはいきません。それと乳房の張りがマッチしていれば、いいではないですか。夜中になん度も起こされるとつらいでしょうが、そこはわが子のこと、こたえてやってください。ただ、疲れ切ったときには、睡眠を確保することも必要。それには、ミルクを使うか、寝る前に母乳をしぼって哺乳瓶に入れ、冷蔵庫にしまっておき、父親に湯煎で暖めて飲ませてもらうのがよいでしょう。(一九ページ)

抱きかたにしても、自分が楽なように、そして、赤ちゃんも飲みやすそうな感じで抱くのがいちばんです。肩がこったり、腕がしびれるようになったら、うんと力を抜いてください。

乳房の張りと赤ちゃんの要求にくい違いがある場合には、ドラマはいくぶんとも悲愴みを帯びざるをえません。眠ったばかりなのにすぐ、ぐずり始め、乳房をあてがっても、たちまち真っ赤な顔になって、火がついたように泣きだしてしまう。いくら乳首を赤ちゃんの口に差し込もうとしても、もう吸ってはくれない。こんなときには、いらだちを覚えるし、わが胸乳に悲しささえ感じるかもしれません。

でも、ここでひしげないように。産んで二、三週間までは、こういうことは珍しくないのです。あせって空しい努力をするよりも、二時間くらいは赤ちゃんにがまんしてもらって、乳房に休養を与えてから飲ませるほうが賢明です。

それでもうまくゆかなければ、ミルクを足しながらでも、母乳が十分になるまで頑張ってみることです。

抱きかた

このごろ母親の心臓の音が聴こえるように、赤ちゃんの頭を胸の左側に当てて抱くのがよいといわれますが、そんな局所的な物理よりも、親と子の全身が肉感としてマッチすることのほうがずっと大切です。初めはぎこちないでしょうが、いろいろとためしてみて、自分も赤ちゃんもいちばん落ちつく抱きかたを決めてください。両の乳房を交互にふくませる工夫は必要ですが、いくぶんとも、どちらかに片寄るのはしかたのないことかもしれません。

母乳の保存

母親の睡眠を確保する必要のあるときのほか、所用で外出せねばならぬとき、共働きの場合など、母乳を取って置きたいことがあります。しぼる前に手を洗い、乳房をよくふき（消毒綿でなく清潔なタオルでよい）、消毒した哺乳瓶に入れ冷蔵庫にしまっておけば、二四時間以内なら持ちます。いちばんいいのは、冷凍パック（市販している）に直接しぼり込んで、冷凍庫で保存する方法で、持ち運びもアイスボックスですれば、三日くらいは持ちます。いずれの場合も、与える際には、ぬるま湯（三〇～四〇度）で液状にしてから湯煎して適温にもどすこと。飲み残しは捨てねばなりません。

母子相互作用（母性愛、八二ページ）

最近、母子関係のメカニズムとして母子相互作用が強調されています。愛情込めて抱き、乳首をふくませながら微笑み話しかけてやることで、赤ちゃんの情緒が安定し母性愛も生じるというのです。でも、この説には多くの異論が出されています。そうしさえすれば母子の間に心が通うとは限らないし、そうしないから母子の情が生じないわけでもない、まして子が将来非行を犯すなどとは言えないのです。心底で子を愛していれば、少々ズボラで大丈夫、こんな説は気にせず、のんびりやってください。

心配なこと

黄疸《おうだん》　生まれてすぐの赤ちゃんは、多少とも肌が黄ばんでいるものです。とくに母乳で育てている子は、黄味が強く、消えるのに一カ月から二カ月近くもかかることがあります。元気ときげんが良く、乳もよく飲み、便が白くなければ、まず心配いりません。あわてて検査したり、母乳をやめる必要もありません。しだいに色がうすくなっていくのなら大丈夫です。生まれた直後、ビリルビン値が高く光線療法や交換輸血をした場合でも、正常値になって退院したのなら、安心してかまいません。

ただ、しだいに黄味が強くなるとか、泣きかたや飲みっぷりが弱くなる気配がおきたら、大急ぎ、病院で調べてもらう必要があります。

ビタミンK不足　母乳にはビタミンKが足りないから、ミルクのほうがよいというPRが乳業会社からなされているようです。ビタミンKが足りないと、頭蓋内出血が起きるというのです。たしかにその可能性はないではないですが、それはビタミンKを吸収し合成する機能の異常が重なった場合で、さほど多いことではありません。せめて出産前に母親にビタミンKを与え、生まれた直後、生後一週間目、一カ月目の三回ぐらいビタミンKを飲ませれば防げるとされています。母親も産後、キャベツやホウレン草など緑黄野菜や納豆をたくさん食べると、ビタミンK不足を補えるといわれています。

授乳の悩み

どうしても乳房がよく張ってこず、赤ちゃんが始終泣きづめるようになったら、ミルクに切り替えるのもやむを得ません。栄養と免疫の点で母乳が優れるのは疑いないのですが、それも初乳、せいぜい一カ月くらいまでに強調されることです。赤ちゃんを育てるのは日々の暮らしですから、まるきり科学的にできるわけでもないでしょう。それでなんとか育ってしまうのも事実なのです。

混合栄養、つまり母乳とミルクの両方を与える場合に、交代にするか、どちらかを先に飲ませて後から他を足す方法にするかが、よく問題になります。これも、医者の指示とか本に書いてあることにとらわれず、自分がよさそうに思うやり方でやって、赤ちゃんのようすをみながら調整してゆくのがよいと思います。

オール母乳の場合には、母親が赤ちゃんから長時間離れることができないという不便さがあるでしょう。近い将来、仕事につくとか、産休中で職場復帰を控えているとかいう人も、いきなりミルクへ切り替えるのに不安があるかもしれません。そういうことを考えると、母乳が足りていても、一日に一回は哺乳瓶をふくませて慣れさせておいたほうがよさそうです。

飲みっぷりのいい赤ちゃんをもつと、乳首が切れて痛むことがあります。そうなったら、がまんしないで、治るまでその乳首を吸わせないこと。両方なら、しぼって哺乳瓶で与えるか、ミルクにするのもしかたありません。

乳房はけっこう張るのに、赤ちゃんは眠ってばかり、ようやく吸いついても、すぐ寝入ってしまう、といったときには、わが子ながら情けなくなってくるでしょう。それほど、親という存在は、子が応じてくれることを強く求めるものなのです。現実にも、乳房はうっとうしいし、赤ちゃんの発育も心配です。

でも、このとき、こちらの思いだけをつのらせるのは得策ではありません。時間がきたから無理にでも起こそうとしたり、寝入ってしまう子になんとか乳首をふくませようと試みても、まずはだめ、かえっていらだちが増すばかりでしょう。それより、じっと赤ちゃんの寝顔に語りかけ、そおっと抱くだけにするのです。そこから子どもへの情がふくらみ、こだわりも薄らいでゆくのではないでしょうか。

体重の増加量が最低線（三カ月まで一日平均二〇グラム）を保っているかぎり、そうやって哺乳力がつくのを待ってほしいと思います。

母乳の価値

母乳で育てないと病気への抵抗力が弱くなるとか、アレルギー体質になるとか、栄養と発育に偏りが起きやすいとかいったことが、あちこちで強調されています。欲求不満、情緒の不安定が高じて、将来「非行」になるといった説さえ耳にします。そのために、しゃにむに母乳を出すことが求められ、ついに出なかったり事情で与えられなかったりすると、まるで母親失格のような気持ちに追い込まれるひとがいるようです。これは明らかな行きすぎ、残酷な話だと思います。

母乳には免疫体が含まれていますが、せいぜい一カ月くらいまで、その効力も生後数カ月までのこと、それ以後の病気にはほとんど関係ありません。三、四カ月までにミルク（異種タン白）を与えればアレルギーを起こしやすいでしょうが、それ以後、おそくも離乳食を受けつけるころになれば消化力がつくし、自分で免疫をつくる働きも成熟してくるので、異常反応は少なくなるはずです。一生アレルギー体質になってしまうとするのは、そうした変化をみない考えではないでしょうか。栄養と発育も、長い人工栄養の歴史で、注意さえすれば大きな間違いはないことが経験されています。罹病率と死亡率が母乳栄養児に低く人工栄養児に高いというのも、歴史を調べると単純にはいえず、生活水準とか衛生状態、育てかたの適否によって、逆転することがあるくらいなのです。まして「非行」に至っては、なんの証拠があるのでしょうか。母乳絶対論は、社会的な問題を生物的レベルに置きかえ、母親を乳牛のように扱う思想だと思えてなりません。

哺乳瓶をきらう

ミルクを与える必要があるのに哺乳瓶に吸いついてくれないときには、とにかく待つことが大切です。飲むのは赤ちゃんですから、当の本人の意志を無視して強いたところで、受けつけてくれるはずはないでしょう。きらったらやめて、とことんお腹が空いたころにふくませてみてください。それでだめでも、あきらめて乳首をふくませないで、また次を待つのです。それを徹底させるために、いっさい母乳をやめてしまうのもやむをえないことすらあります。それでもなお飲んでくれないで、発育に支障がみられるほどになったら、早くても離乳食をどしどし進めることです。

乳を吐く

母乳でもミルクでも、乳の出が良すぎるか赤ちゃんの吸引力が強くて一気に飲みほしてしまう場合には、時間的に無理があったり、空気もたくさん飲んでいたりして、吐くことが多いようです。母乳なら先に少ししぼって捨ててから、あるいは途中で休みを入れてみたらどうでしょう。ミルクなら乳首を穴の小さいもの、吸うのに力を要する形のものに換えたり、ねじブタを強く締めたり、一回に与える量を減らしてみることです。飲みっぷりがどうであっても、授乳後は上体を立ててゲップを出させるのは常識。軽くゆするようにすると出やすいようですが、あまり長いあいだ出るのを待つまでしなくてもよいと思います。その代わり、ねかせたあとの吐乳に注意していてください。どうやっても吐く子がいますが、三カ月を過ぎるとおさまるものです。

ただし、生まれたての子で、しきりに吐き、体重がさっぱり増えないときは医者に診てもらう必要があります。その後でも、急に吐き始め、なかなか止まらず、きげんが悪くなったときには、病気と思って医者に診せてください。

ミルク

ミルクで育てる場合の最大のメリットは、父親もやれるという点にあります。これを生かさない法はありません。

哺乳瓶でも、抱いてふくませれば、飲みつめてゆく赤ちゃんの息づかいを肌で感じることができます。そこには、小さいながらも、生きることの火照りのような熱さがあります。赤ちゃんは、ただ与えられるだけでなく、懸命に求めてもくるでしょう。こうした体験は、感覚の深みでひとと接することが少なく、合理と能率を至上に仕事をしている男性にとって、きわめて貴重なものだと思うのです。

ミルクをつくるのは、たいそうなことではありません。カンに書いてあるとおりでよいし、簡単です。消毒も、瓶と乳首を煮るだけでよく、それも三カ月くらいまです

れば十分でしょう。おそくも離乳食を始めるころになれば、せいぜい水洗いをしっかりするだけで上等、「消毒」は実際生活に合いません。

ミルクの温度は、人肌くらいといわれますが、吸いついたときの赤ちゃんの表情で、いくぶん加減するのがよいでしょう。

乳首にはいろいろの種類があるけれど、普通はどれでも大差はありません。生理学的に特別の工夫をこらしたのが、いいとも限らないのです。とにかく、吸わしてみて、その子に合ったのを使えばよいと思います。

穴のサイズも、ビンを逆さにしてしずくの落ちかたから定めるより、赤ちゃんの飲みっぷりをみて、適当なのを選ぶようにすべきです。

人工栄養で陥りやすいわなは、飲む量に振り回されることです。哺乳瓶ですと、一目でミルクの量がわかりますから、その多少が気がかりになるのです。教えられたよりもたくさん飲むと太りすぎを心配して制限してしまう、少なければ栄養不足になるのではないかと強要したくなる——そのために赤ちゃんのきげんと体調がくずれ、親の不安もますます深刻さを増すといった悲劇はすくなくありません。

この悲劇に陥らないためには、数字にとらわれないことがいちばんです。栄養は、飲んだ量だけでは論じられません。からだの組成や新陳代謝のタイプ、発育のパターンなどによって、かなりちがってくるのです。

少々飲みすぎてもまあ大丈夫。二、三カ月たつうちに大半が落ち着きます。せめて一日一リットル、一回二〇〇ccをこえなければよいでしょう。少なくても、きげんよく、体重が最低線を維持していれば気にしないことです。

飲みが悪い

飲む量が少なくても、とにかくきげん良く、体重が一日平均、三カ月まで二〇グラム以上、六カ月まで一五グラム以上、九カ月まで一〇グラム以上、その後は五グラム以上増えていれば、最低限の発育はしているので、心配しないでください。それを割っても、母子健康手帳にのっているグラフで、一〇パーセンタイル以上に入っていれば、まず安心。二カ月以上の子なら、カウプ指数を計算して、一三以上あれば栄養不良ではありません。一三〜一五は「やせ型」と思えばいいでしょう。一五以上あればもう全く平均的。

やっぱり、赤ちゃんにも、小食のタイプがあるのです。たいてい普通より小柄、やせぎすでしょうが、それはそれで健康が保たれているわけ。将来、成人してからの体格とも関係がないそうです。

このタイプの赤ちゃんには、そういう子として受けとめるのがいちばんです。あせって飲ませようとかかっても、おそらく無駄。かえって逆効果になるでしょう。せいぜい、乳首を換えたり、穴を大きくしたり、フタの締めをゆるめたりしてみるくらい。ミルクを変えてみてもいいですが、けっして濃くしないで、むしろ薄めにしたほうがいいかもしれません。

しかし、以上にあげた数値を下回っている赤ちゃんは、なにか異常があるかもしれませんから、必ず調べてもらってください。幸いになんともないといわれても、経過に注意して、もっと栄養をつける工夫が要ります。眠っていることの多い子は、

$$\text{カウプ指数} = \frac{\text{体重 g}}{(\text{身長 cm})^2} \times 10$$

日中すくなくも三、四時間おきには抱きおこして、乳をふくませるべきです。このとき、いきなり乳首を押しこまず、唇のまわりをちょんちょんとつついて、赤ちゃんが口をもぐもぐさせだしてから入れるのがこつ。わずか飲んだだけで眠りかけたら、ゆすったり、声をかけたり、強く唇を刺激してみること。毎日、外に連れ出し、からだを動かして意識を覚ませるようにも努めてください。逆に落ち着かず、乳首をちょっとくわえただけで泣きだす子は、抱きかたを変えたり、ミルクなら温度や濃度、乳首の固さや穴の大きさを加減してみるように。親のほうが気を静めて、ゆったり扱い、赤ちゃんが少し眠りかけたときにそっとふくませるのもよいかもしれません。

飲まなくなった

これまでよく飲んでいた子が急に飲まなくなったときには、まず病気を考えねばなりません。でも、病気なら、いろいろ症状があったり、元気やきげんも悪くなるもの。そういうことがなければ、あわてないで——。多くは、いままでの発育が良すぎたので一時休憩を始めたのか、大脳の食欲の中枢が発達して飲む量のコントロールが出来るようになっただけです。あるいは、乳以外のものに興味が移ったのかもしれません。四、五カ月になっていたら、離乳食をもっとすすめてみたら。ミルクを牛乳に変えるとよいこともあります。これらはむしろ成長を喜ぶべきでしょう。

飲みすぎ

母子健康手帳のグラフで九〇パーセンタイルをこえたり、カーブが急速に上向きを続け、カウプ指数も二二以上か、それ以下でもしだいに近づいていくようなら、制限が必要です。

あたらしいいのちに

吉原幸子

おまへにあげよう
ゆるしておくれ　こんなに痛いいのちを
それでも　おまへにあげたい
いのちの　すばらしい痛さを

あげられるのは　それだけ
痛がれる　といふことだけ
でもゆるしておくれ
それを　だいじにしておくれ
耐へておくれ
貧しいわたしが

この富に　耐へたやうに——

はじめに　来るのだよ
痛くない　光りかがやくひとときも
でも　知ってから
そのひとときをふりかへる　二重の痛みこそ
ほんたうの　いのちの　あかしなのだよ

ぎざぎざになればなるほど
おまへは　生きてゐるのだよ
わたしは耐へよう　おまへの痛さを　うむため
おまへも耐へておくれ　わたしの痛さに　免じて

『吉原幸子詩集』(現代詩文庫56　思潮社刊)より

酒・たばこ

赤ちゃんがいるからといって、親がまるで修行者のように節制しなければならぬことはありません。むしろ、あまり「子どものために」と、自分に無理を課すほうが、将来もふくめて親子ともども苦しくなるように思われます。

アルコールとたばこは「適量」、つまり飲みすぎなければ、赤ちゃんに影響はないといわれています。これらは確かに母乳中には出るけれど、ほんのわずかで問題にならないのです。コーヒーとか紅茶の類も同様です。

とすれば、我慢していらいらすることはないでしょう。育児では、物質的な配慮よりも精神的な安定のほうが大切です。飲むことで心が休まり、気の張りも得られるのなら、いいではありませんか。

もちろん、深酒とヘビースモーキングは禁物。適量をこえたアルコールは、母乳を介して赤ちゃんに害をおよぼしますし、酔ったための不注意が思わぬ事故を招くことが少なくありません。足がふらついてころんだり、手元が狂ってやけどさせたり、乳をふくませたまま寝込んで窒息させるなど、恐ろしい話を聞きます。たとえ、酒におぼれたくなるような事情があるとしても、赤ちゃんをまきぞえにしてほしくありません。親となった以上、困難に正面から立ち向かう強さを求められていると知るべきです。

ヘビースモーキングは、母乳を介しての害もさることながら、室内の空気を汚すことで赤ちゃんには大敵です。たばこの煙が呼吸器を侵して、気管支炎やぜんそくを起こしやすいのです。また、間接に、空気中の酸素不足と一酸化炭素の中毒を招くこともあります。閉めきった部屋で、煙をもうもうと立ちこもらせながらマージャンをしたため、赤ちゃんが気を失った事件を知っています。たばこはできる限り少なく努め（五、六本まで）、吸うときには赤ちゃんから離れたところで、同室内なら換気を十分にしてください。これは父親も厳守し、お客にも遠慮せずに要求してよいことです。

なお、授乳中の母親が薬を飲むときは、医者か薬剤師によく確かめること。幸いに普通の薬、たとえばかぜ薬、胃薬などは大丈夫ですが、なんでも安易に飲むのは危険です。抗生物質は、いま使われているものはまあ大丈夫といわれていますが、濫用されすぎているので要注意。病気は薬より休養のほうが先です。ピルをはじめホルモン剤の類は明らかに害があります。

「たばこ」のこと

新聞にこの記事「酒・たばこ」を載せたとき、多くの方から抗議の便りをいただきました。共通した主旨は、たばこは有害、赤ちゃんも受動的に害を受けるので親、とくに母親は禁煙すべきだということでした。

どうやらその方々の主張と私のこの記事とでは、次元が食いちがっていたようです。私もたばこは嫌いで、二〇年前にそれまで一五年間吸っていたたばこを止めてから、傍で吸われるとかなり不愉快です。医者の常識としても、肺がんとの関係は明らかなので、実はそれを理由に禁煙したのでした。妊婦の喫煙が胎児に悪影響を与えること、スモーカーを母に持つ赤ちゃんは母がたばこを吸わない子にくらべて気管支炎・肺炎などで入院するケースが多いということも知っています。しかし、だからといって、私は他人にやめろとはいえない、あるいは医者の権威でやめなさいと命ずるようなことはしたくないのです。もちろんあまりに不愉快ならやめてほしいといいますし、電車などでむせている人や赤ちゃんがいると、自分は耐えられていても、吸っている人に注意しないではいられません。妊婦には禁煙をすすめ、子ども、とくに喘息や気管支炎のある子を持った親には、たばこの影響について説明もしています。

でも、それから先は、あくまで当人の選択であり、当人とその周りのひとびととのかかりかたの問題だと思うのです。私もたばこは社会的に制限すべきだと考えていますが、そのやりかたは喫煙者を悪人のようにとがめる風にしたくありません。たばこを吸う女は母親失格と感じさせるようなPRも好みません。運動するのなら、個人責任を追及するよりも行政レベルでのたばこ製造の規制、禁煙空間・時間の拡大、そして有害性の情報提供が先でなければならぬと思います。

人間には不合理な面がいっぱいあります。悪いとは知りつつどうにもならないといった弱さはだれにでもあるでしょう。「悪い」といってもその人にとっての意味はさまざまだし、その悪が別の善を支えるものであったりもします。ひとびとは、その不合理を、これまた合理的には運ばぬ生活の中で模索しつづけているのです。たばこでいえば、私は、育児で疲れたりいらついているのなら、一服二服は許されてよいと思います。際限なく乱雑な育児という仕事では、くつろぎのひとときは貴重です。

ただ、思慮のないヘビースモーキングはどうしてもやめてもらいたい。一日二〇本以上で赤ちゃんの病気が急激に増えるデータがありますし、次の子を身ごもっている可能性もないではないので、胎児への影響も考えれば、まあ五、六本までというところでしょうか。

夜泣き

赤ちゃんをもっと、毎夜ぐっすりとマイペースで眠るということはできなくなります。赤ちゃんとおとなでは生活のパターンがまるきり違いますから、親が眠っているときに、いつも子も眠っているというわけにはゆかないのです。

夜ごとになん度も泣かれると、わが子ながら面倒くさく、ときには憎らしくさえ感じるでしょうが、ここはひとつ「修養」をつんでください。「夜泣きは泣かせておけばなおる」という通説ほど赤ちゃんに酷な話はないと思います。

もし、泣く原因が病気とか息苦しさのようなピンチであったとしたらどうでしょう。たちまち生命の危険につながります。それほどでなくても、おなかがへっているとか、暑い、寒い、寝苦しいといった肉体的苦痛で泣いているのを放置するのは健康によく

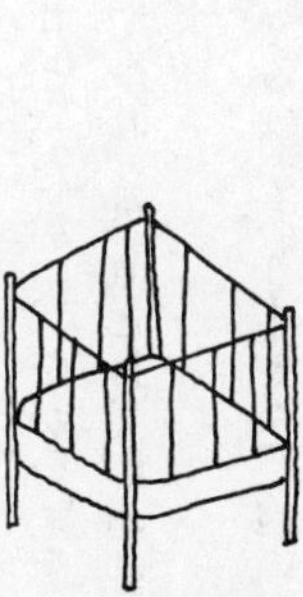

ありません。やはり、いくらつらくても、赤ちゃんのようすだけはうかがってみる必要があります。

生まれて間もない赤ちゃんの場合、飢餓感で泣くことが多いようです。とりわけ発育のすさまじい子は、三回でも四回でも、大声をあげて乳を求めることがあります。「ちび飲み」の子も、夜中になると欲求が強くなる傾向がありそうです。

こういう子には、なにはさておいても、乳を与えてやらなければなりません。のどが渇いて泣くケースもありますので、乳を受けつけないときには水か果汁を与えてみるのもよいことです。

飢餓ではないのに泣きだすときには、おむつと衣類の点検を。汗ばんでいたら思い切って薄着に、窮屈そうなら楽にしてやってください。「しっしん」や「かぶれ」がひどいようなら、その手当てを。鼻づまりや胸のぜろぜろで苦しそうなときも同様です。

日中、寝かせきりでなく思いきって揺すったり、ゆっくりと「たかい、たかい」をしてやったり、体とくに肩と首をさすったり動かしたりしてやり、外気と日光にふれさせ、ふろは眠る前にゆっくりと入れるのがよさそうです。

どのようにしてもなおらない夜泣きは、とにかく抱いてやるほかありません。抱いてあやせば泣きやみますが、コツは十分に寝入ってからベッドに戻すこと。父親だけ「うるさい」と怒鳴って眠っているなど許されません。母親が気がねと孤立感に追い込まれれば、赤ちゃんはますますいら立つに違いないからです。夫婦ともくたびれ果ててしまったら、小児科医と相談してください。医者は必要と思えば、赤ちゃんに薬を処方することもあるでしょう。

夜泣きの原因

夜泣きの原因はよくわかっていません。昼間の興奮にうなされてとか、かまい過ぎ、運動不足など、最近では睡眠の生理学や筋肉の疲労から説明が試みられていますが、いずれもまだ仮説にとどまっているようです。アメリカでは腸内にガスがたまって痛むという考えが通用していますが、日本でこの説をそのまま認める学者は少なく、医学にもお国柄を感じさせて面白いと思います。

そういう事情ですので、残念ながら、夜泣きの対策も今のところ、これという決め手はないのです。おそらく多数の原因があり、それらが重なってもいるのでしょうから、本文に書いたようなことをいろいろやってみるほかないと思います。

しかし、そのどれかでうまくいけばバンザイですが、ひとりの子でよかったことが他の子でも成功するとはかぎりません。辛いことに、ほとんどの場合、どうやっても治らないのが実情です。ですから、うまくいかなくても悲観しないでください。

夜泣きはいつまでもつづくものではありません。一カ月かおそくも三カ月のうちには、お誕生日近い子なら歩き始めるころには、ふっと収まるのが普通です。その最中には長く感じられるでしょうが、後になってみればわずかのあいだのこと、泣きだしたら「またか」といった軽い受け取めかたで「とき」を待ってください。いちいち起きるのが面倒だったら、「添い寝」してやれば多少楽だし、赤ちゃんも早く応じてもらえるので、かなりちがうと思います。

抱きぐせ

暮らしのなかで、赤ちゃんは人形のようにしているわけにはいきません。一個の人格をもった「ひと」として、自我を表出しますし、家族とのかかわりも強く求めます。それを無視することは、とりもなおさず赤ちゃんの人間性を否定することになります。

赤ちゃんが定まらぬ目で親を追い、クスンクスンと鼻を鳴らし、手足を踊らせて「抱っこ」を要求したときには、できるだけこたえてやるべきです。どんな仕事をやっていても、手を休めて抱きあげてください。すぐには応じられない場合には、「ちょっと待ってね」と声をかけ、間があきすぎてしまったら「ごめん、ごめん」と念入りに抱きしめてやったらどうでしょう。

こうして、赤ちゃんと目を合わせ、ほおずりをし、キッスし、「会話」を交わすこ

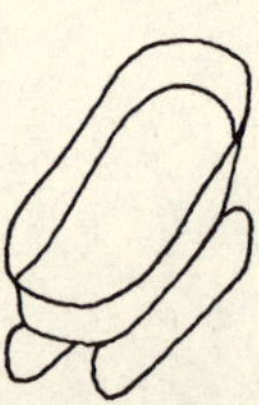

とがどんなに親子の情を深めるか計り知れぬものがあります。赤ちゃんの内面には快い安らぎが深まり、この世に生きる喜びも芽生え、人間としてのコミュニケーションにもとけ込んでいけるのです。

赤ちゃんがおとなしくしているときでも、無性に抱きたくなったなら、遠慮せずに抱いてもらってよいと思います。帰宅したとき眠っているわが子の姿しか見られない父親が、「ちょっと抱かせろ」とわがままをいうのも、大目にみてほしい。ただし、この際は、そっと抱き上げること。せわしなく、ゆすると、赤ちゃんは恐怖におそわれるかもしれません。

このように何度抱いたからといって、そのために「抱きぐせ」がつくことは、三、四カ月までの赤ちゃんではないといわれています。むしろ自分では大きく動けないこの月齢では、抱っこはいい運動になるくらいです。

いかにも「抱きぐせ」がついたみたいに、しょっちゅう泣く子は、もともとそういう子なのでしょう。ほかにこれといった原因がなく、抱きさえすればごきげんになるのなら、よほど寝ているのがいやなのです。それだけエネルギーが大きいのか、抱いてもらったほうが楽になるからだのタチなのかもしれません。こうした子は抱いて暮らすみたいになるのもしかたないでしょう。

そのために仕事が手につかないとか、くたびれてしまったら、赤ちゃんの首が坐っているかぎり、ときどきの「おんぶ」をすすめます。そのかわり、寝かしつけるとき、背中をさすったり、肩にタオルを敷き、頭がわずかに後ろに落ちるような姿勢をとらせて、首のコリをとってやるようにするとよいといわれます。

抱きぐせの良し悪し

どのようなことであれ、育児法についての評価は、突きつめてみると、それを考えるひとの感覚と思想に深くかかわっています。「抱きぐせ」といわれる状態に対する受け止めかたも、その例にもれません。昔の日本では赤ちゃんを抱くのは当り前のことでしたし、今でも年輩の方は泣く子を放っておけません。抱きぐせを「悪い」としだしたのは、生活が近代化し、西欧の自立の思想が輸入されてからのことなのです。

とすれば、抱きぐせをめぐって意見が分れるのは必然。育児書を見ても医者や保育士の話を聞いてもさまざまでしょうし、家族内でもちがうことが多いはずです。そのどれを正しいと決めつけるわけにはいきません。さまざまな意見を闘わせることは、権威の支配を避け考えを深める糸口になるので、大いに論争してほしいと思います。

おんぶ

おんぶは親の両手が自由になるので、赤ちゃんをあやしながら用事をしたり、外出するときに便利なもの。泣くのを放っておいたり、抱っこしての外歩きより安全でもあるでしょう。それを「良くない」と決めつけるのは西欧文化の崇拝者か、実際に赤ちゃんの面倒を引き受けたことのない人にちがいありません。もちろん赤ちゃんにとっての利害からは大いに検討されなければなりませんが、一方で親の生活とか労働の事情も考慮に入れて考えてもよいと思うのです。

赤ちゃんにとっては、首がしっかりしたら、月齢にして三、四カ月になったら、以下の注意を守ってくれれば、親にくっついていられて快いのではないでしょうか。まず、苦しくなったり遊びたくなったとき、早く降ろすこと、窮屈にしないで、暑いときは避けること、頭をぶつけるとか、危険なもの（たとえば熱した油など）が飛んでくるような恐れがないこと。喜んだり、すやすや眠っていても、あまり長時間では自由にからだを動かす機会をへらすし、首や背がこって夜泣きの原因になるという説もあります。せいぜい一時間まででしょうか。おんぶによる「がにまた」の心配はなく、むしろ股関節脱臼の防止になるといわれています。

アメリカ式の前おんぶは赤ちゃんと顔を見合わせられるのがいいけれど、仕事はできにくそう。登山用枠つきリュック式の背負《しょ》いこはスタンドにもなって旅行など遠出にはよさそうでも、いかにも荷物風なのが気になります。共に、かっこが良く、男親も抵抗なくおんぶできる点がなによりの利点であるでしょう。

うつぶせ寝

このごろ、赤ちゃんをうつぶせに寝かせると頭のかっこうが良くなりヒップアップにもなるというので、ちょっとした流行になっています。

けれど、どんなものでしょう。だいいち、欧米人の体型を理想としている点が気になります。そこには人種への差別意識、劣等感が潜んでいるのではないでしょうか。日本人には日本人の美しさがあるはずです。それに、赤ちゃんのときに頭がいびつでも、大きくなるに従ってかっこうはついてくるもの。かえって無理にうつぶせにし続けたために、顔面のほうが歪んでしまったという無残さえ耳にします。これとて大きくなるにつれて直りはするはずですが――。とにかく、わが子の体型まで支配しつくそうとする親心は怖いと思います。なによりも、当の赤ちゃんがよく眠られる寝かせ方をさせてあげてください（六四～六五、八四ページ参照）。

寝かしつけ

親にとって赤ちゃんの安らかな眠りは、暮らしのなかのオアシスでしょう。このひととき、お茶を飲んだり、新聞に目を通したり、あるいはたまった家事とか仕事を片付けることができます。夫婦の語らいも、このチャンスを逃しては、なかなか得られません。

でも、それだからといって、こちらの都合ばかりで眠らせようとかかるのはどうかと思います。

赤ちゃんには、その子なりの生活のリズムがありますし、幼くてもじゃまにされていることは敏感に察せられるものです。眠くもないのにベッドに入れられ、抗議の声をあげても無視されたら、怒ってしまうでしょう。そんなことをなん度もやっていると、赤ちゃんの情緒は不安定になってしまいます。たとえ、そのときはあきらめて眠ったとしても、行きあたりばったりな寝かしつけは、生活のリズムを乱して、乳の飲み方を悪くしたり、ぐずりをもたらす可能性があります。

赤ちゃんに眠ってほしいと思ったら、心底から「頼んで」みることです。まだわからないからと、さっさと床に入れてしまうのでなく、「用事があるからね、寝ていてね」とほおずりでもして、しばらく傍らにいてから離れるのです。それでもぐずられたら、あきらめるか、どうしても手をかけられないときには、そのまま放っておくのもやむをえませんが、心底頼んでおけば、情緒は大丈夫だと信じます。

睡眠時間は、気にすることはありません。本に書いてある「標準」は、いわば目安、平均の話にすぎません。赤ちゃんによって、また家庭の生活様式によってちがうもの。要するに、赤ちゃんの好きにまかせておけばよいのです。すくなくも目覚めたときにきげんがよければ、足りていると思っていいでしょう。

ぐずぐずと眠たそうなのに寝つかれない赤ちゃんは、親が助けてあげてください。静かに暗くするだけが眠りを誘うとはかぎりません。そういう場合もありますが、フトンをたたくとか、歌をうたってやる、あるいは抱いてゆっくり歩くといったリズミカルな刺激が効果的な子もたくさんいます。

ただ、いずれにしても、親があせっていたらだめです。腰を落ちつけてつき合ったほうが、結局早いでしょう。

「添い寝」も悪くありませんが、乳首をふくませながら親も眠ってしまうのは、三カ月くらいまでは、窒息を招く危険があります。「うつぶせ」にすると眠りやすい子は、敷物を硬くし、かならず同室に親もいて気をつけていてください。

おふろ

赤ちゃんをおふろに入れるのはひと仕事でしょう。ひとりだけでは大変だし危険もあるので、まず夫婦が協力できる態勢を組むべきです。そのためには仕事は早く切り上げて帰宅せねばなりませんし、入浴の時間が二人のそろう夜になるのもやむをえないと思います。それがどうしても無理ならば、祖父母とか近所のひとなどに遠慮せずに手伝いを頼むことです。十分に慣れて、ひとりでも要領よく入れられるようになるまでは、こうした態勢はとっておいたほうがよさそうです。

赤ちゃんのおふろには、それだけの精力を投入する価値があります。入浴というと清潔のためと考えられがちですが、実は、そんなことをはるかに超えたなにかがあるのです。赤ちゃんを生まれたままの姿にして大切に抱く、こちらも裸になっていっし

ょにお湯につかる、からだのすみずみまで確かめるようにして洗ってやる——そうした行為のなかに没我の情の交流があります。

もしそこに夫なり妻なり、きょうだいなどの見守る目、温かく差し伸べられる援助の手があれば、交流は渦を巻いて広がります。赤ちゃんは、そうした渦に包まれてこそ、幸せに育つでしょう。

赤ちゃんのからだにとっても、入浴は清潔だけではない大きな意味があります。血液循環がよくなる、身体機能をよくするといった効能は、まだ自分ではほとんど動けない赤ちゃんには、かっこうのエネルギーの発散になります。この意味で、おふろの温度には細心の注意が払われなければなりません。いちばんいいのは、まずおとなが入ってすこしぬるく感ずる湯加減にそおっとつけて、しばらく赤ちゃんのようすをみることです。

気持ちよさそうな顔つきで、息も落ちつき、手足は動かしても全体に不安がなくほぐれた感じがあれば、その温度が最適なのでしょう。もし安定よく抱いていても落ちつかないようなら、静かにかきまぜながら、温度を上げてみてください。

この際、温度計は不要です。ベビーバスも湯がさめやすいし、抱くのに不安定で疲れやすいので、すすめたくありません。自家ぶろがなければ、一カ月以降は銭湯を。

はやりの「沐浴剤」などという薬につけてすませるのは、入浴をスキンケアだけにしてしまう寂しいやりかただと思います。清潔のためなら、せっけんですみずみまで洗ってやるほうがずっと効果的です。湯上がりはゆっくりと、すこしさめてから衣類を着せること。このくらいで「湯ざめ」はしません。

おふろの危険

おふろはわりと危険の多いところです。くつろぐ場所なので気がゆるみがちなのと、一方で赤ちゃんを洗う忙しさと勝手のちがいがいっしょになって、災難を招きやすいのでしょう。滑りやすく、周りが固い造りになっていること、火元がそばにあって湯を使うこと、有毒ガスが発生しやすいことも、考えてみれば恐ろしい状況です。

そこでおふろに入れるときは、楽しいながらも、気を十分に配り、落ち着いてかかる必要があります。ほろ酔い気分とかいらだっているときには避けたほうが無難です。赤ちゃんは両腕を使いなるべく胸に近づけて抱き、足元を一歩一歩踏みしめるように。滑らないためと転んだとき強打しないために、タイルにスノコかマットを敷くとよいでしょう。生後月日の浅い赤ちゃんは常に首筋を支え、洗う際には親が坐り込んで膝に乗せるかマットの上に寝かせるかすれば、落とす心配が少ないと思います。湯はかならず作ってから、さし湯をするときもかならず温度を確かめて。シャワー式の給湯では、火傷させることがあります。ガスを止めるに当っては、元栓まで締めてほしい。銭湯の場合は、近所の人にいっしょにいってもらうと助かるでしょう。浴室内でも脱衣室でも手伝ってくれる人がいれば、ずっと安全だし、楽でもあります。内ぶろでも銭湯でも、浴槽につける時間は、赤ちゃんのようすをみて。どちらかといえば長すぎない、時間にして五分くらいで上げるのがよさそうです。

なお、はいはいやよちよち歩きを始めた赤ちゃんがいる家庭では、浴室は最大の危険個所。視界の利きにくいところだし、意識の上でも盲点になりやすい場所です。滑って転んだり、剃刀で切る、洗剤を飲む、浴槽や洗濯機に落ちて溺《おぼ》れるといったことが予想されます。浴室は入れないようにロックしておき、危険物は棚に上げ、水はどこにも張らないようにしておかねばなりません。

おふろを恐がる子、いやがる子

生後二、三カ月までは、ピクッとする反射動作が強いですから、両腕をかかえこむか、手伝いの人に手を握ってもらっておくのがいいでしょう。一人で入れる場合、タオルかガーゼ地の下着でくるんでやると、安心するかと思います。人見知りの始まるころ、急に恐がりだすこともあります。これは雰囲気の変化が恐いのかも。とにかく、ゆっくりと、強く抱きしめて、比較的に泣かれることの少ない人が入れてやってください。

入るのをいやがりだした子は、しばらくその嫌うことを避けるか、わずかにとどめるのがいちばん。顔はよくしぼったタオルで拭くだけにし、髪は浴室外で衣服を着たまま洗うとか、熱い湯に長くつけないとか――いろいろ試みてください。そのうえで、おふろを楽しい遊びの場にしてやるのがいい。好きなおもちゃを持って入ったり、父親や上の子といっしょに、洗うのは二の次にして遊んでみたらどうでしょう。それでも泣きわめいて拒否するなら、しばらく中止する雅量が必要です。

身辺の世話

「世話」をするには、なによりその当人の身になってあげることが大切だと思います。それを欠いた「世話」は、「ありがためいわく」になりかねません。

そのことでいちばん考えなければならないのは、大小便の世話です。おとなは「おむつ」を当てるのを赤ちゃんのためと思いこんでいますが、あれは実はほかならぬおとなのためにやっているのではないでしょうか。大小便をたれ流されたら、気持ち悪く騒ぐのはおとなのほうで、赤ちゃんは存外平気で困ったようすはしていません。ですから、ことはやはり、おとなの側の感覚であり、その社会の文化のありように規定されているのです。はたしてウンコやオシッコは、そんなにけがらわしいものでしょうか。ほんとうに愛していれば、平気になってくるはず。なのに忌みきらわれる

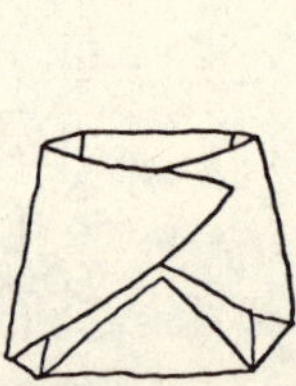

のなら、いまの文化がどこか冷たいのです。

赤ちゃんにとって、おむつは窮屈で不快。排泄量の少ない生後一、二カ月は、せめておむつカバーできつく締めつけないでほしいと思います。それ以後も、目覚めている間は、ときにはカバーをはずして、脚を自由に縮めたり伸ばしたりさせてください。

汚れたおむつは、便は落とし、水を張った容器につけておいて、しぼるか脱水機にかけたあと、粉せっけんで洗濯することをすすめます。合成洗剤は肌を荒らすことが多いので、使うとしても害の少い品を選び、なるべく少量用いるように。「すすぎ」は二回以上、かぶれのひどいときはおむつを煮るか日光消毒を十分に、アイロンをかけるなり乾燥機を用いるのもよいでしょう。漂白剤を使ってまで白くする必要はありません。柔軟剤は肌によくないので、乾いたおむつは手でもんで軟らかくしてください。

「貸しおむつ」は、忙しい家庭、保育所では助かりますが、いろいろの薬剤が用いられているので、その害が気になります。「紙おむつ」は、長い間つけているとかぶれることがあるし重くもなるので、夜間、外出時、下痢のときだけに限って、こまめに替えたいもの。

衣服も、自分が赤ちゃんになったつもりで、どれだけ着たら気持ちがいいかを考えてみてください。そうすると、ほとんど着せすぎで苦しそうなことがわかるでしょう。赤ちゃんはおとなより暑がりですから、その点も差し引いて。赤ちゃんの顔をみて、ほてっていたり、からだが汗ばんでいるようなら、明らかに着せすぎです。「かぜ」はウィルスか細菌の感染でおきるので、「うす着」を恐れることはありません。手袋をはめるのは手かせをするようなものですし、帽子も寒気と日照りが強いときを別として、赤ちゃんには迷惑でしかなさそうです。

赤ちゃんにとってのおむつ

おとながあのおむつを当ててみたら、どんな感じでしょう。おむつとおむつカバーをつけたときの不快度は、生理用ナプキンの一〇〇倍にもなるのではないかといわれています。すくなくも下腹部の温度はおむつ三枚重ねで一度以上、湿度は六〇パーセント以上にも上るのは確かです。それにぎゅっと押さえつける感じ。もごもごするし、常に肌に擦れている——。このことをいつも思いやっていてほしいと思います。

まして、おしりが赤くなっているときにはその苦痛はいかばかりか。まめに換えてやり、拭くのはうんと軟らかい布か綿で。かぶれがひどいなら、汚れるたびに、おしりだけでもぬるい湯と石けんで洗ってあげてください。

かといって、ただれてもいないのに、あまり神経質に、深く眠っているときまでなんども交換されるのもたまらないでしょう。すべて赤ちゃんの身になって考えてみることです。

衣服で気をつけること

いま衣服でいちばん気をつけなければならないのは、いわゆる「公害」です。衣服の素材そのものと含まれている多種の薬物が、デリケートな赤ちゃんの肌をはじめ内臓にまで害をおよぼす可能性が大きいからです。化学繊維に対して、人類の身体はおそらく免疫情報を持ちません。長いあいだにはなにが起きるか知れたものではない。さしあたっては、皮膚炎、湿疹、じんましんで悩まされる赤ちゃんが少なくないのです。衣服のしわやちぢみを防ぐためのホルマリンとか、肌ざわりをよくし消毒や臭い消しなどのために用いられる陽イオン系の柔軟剤などは、直接の中毒、アレルギー、炎症を起こす可能性が大きいといわれています。そこで、衣服は天然繊維のもので、使い古しがよいのですが、新しいのを着せるときには一度洗濯して、風や日光にあてて十分に乾燥させてからにするのが無難だと思います。

ベッドとフトン

ベビーベッドは生活様式の欧米化にともなう家具のひとつなのでしょうが、おとなのベッドが普及する前から用いられだしたところをみると、病院での赤ちゃんの扱いかたがそのまま持ち込まれた気配もないではありません。そこに、この家具のもつ不適合と違和感のもとがあるような気がします。狭い部屋に豪華なベッドが居据るのは、若い夫婦の幸せではあっても、いかにもバランスを欠いている。畳の部屋に赤ちゃんだけベッドというのも不釣り合い。世話をするのにはいちいちひざまずかなくてすむのが最大のメリットですが、あの狭い空間に閉じ込められ、眠っているあいだも窮屈な姿勢を取らねばならない赤ちゃんにとってはどんなものでしょう。

ですから、使うとしても、せめて伝い歩きする以前までにしてほしい。もう歩けるようになった子が柵をガチャガチャ鳴らして泣いているのは見るにしのびません。眠っているあいだも行動がさかんになったら、フトンがかぶさるなどの危険が出てきます。洋式の生活でも、ベッドに寝ているときには、同室内におとなもいることが安全のためには不可欠です。別室に隔離する習慣の欧米に「突然死」の多いことは、考慮に入れておかねばと思います。

フトンは敷きが固く、掛けが軽いのが原則。枕は不要です。畳か床に寝かすときは、まわりに危険物を置かず、遠くに転がっていかない工夫をしてください。

陽気なブルース

加藤登紀子

生まれたときから一人で生きてきたという男と
世間知らずの女がはじめて恋をした
子供が生まれた時は天下の一大事
産湯の時から子供は覚悟を決めた

お風呂にはいればいつでも溺《おぼ》れそうになるから
まだ目の見えないうちから泳ぎをおぼえた
おやじはいつものようにビールを飲みながら
お前も一杯やるかとビールを飲ませた

なんにも無くても良い、口笛吹いていこうよ

覚悟をきめた子供は必死で生きてった
生まれたときから一人で生きてきたという男と
世間知らずの女がはじめて恋をした
子供が生まれた時は天下の一大事
それでも蛙《かえる》の子供はやっぱり蛙だよ

『加藤登紀子この瞬間《とき》を愛せよ』（新潮文庫）より

あやす

ひとの一生は、自分と異なる性、世代とのかかわりを大きな主題としてもっています。親から自分、そして子の世代へとつづく歴史の流れは、いやおうなく、ひとを突き動かさずにはおきません。

いま目の前にいる赤ちゃんも、ただかわいがられるだけの受け身の存在ではないでしょう。この若芽のような「ひと」は、成熟したおとなの心を捕らえ、問いつめ、そのようにしてたがいの関係を全身で追求してくるはずです。

ですから、赤ちゃんをもつことは、感じ方や行動の仕方などがずれた、ふたつの生涯を直接に重ね合わせる響きのようなものをもたらします。これは自然が授けてくれた、たくまざる贈り物だと思います。おとながもう過去に置いてきてしまった心を、赤ちゃんはいま一度よみがえらせてくれるのです。このリサイクルは、母親だけでなく父親も共有してよいことではないでしょうか。

赤ちゃんにとっては、自分に没入してくれるおとなは、心をなごませますし、世界を広げる媒介にもなるように思われます。

やさしくのぞきこむまなざし、快いトーンの肉声、ほどよい圧力で触れるキスやほおずり——これらを通じて、赤ちゃんは自分が孤独でないことを感知するにちがいありません。それを知った赤ちゃんは、さらに自分から愛してくれるひとを求めて、目で追い、のどを鳴らし、手をのばして積極的に行動をおこします。これがまた、おとなの愛着を増幅させることにもなるのです。だれでも、赤ちゃんにほおをいじられ、口の中に指を入れられたりすれば、いとおしくならないはずはありません。

「あやす」ということは、このような共鳴をもたらしてこそ、ほんとうに楽しいものになるのだと思います。気まぐれの、あるいは形だけの「あやし」は、おたがい空しさを残すだけでしょう。

その点で、一日の暮らしの中でのほどよいタイミングも、とても大切。赤ちゃんからの呼びかけがあったとき、すぐ手を離せないとか、いらだっているようなら、無理してこたえるよりも、ちょっと声をかけるくらいにして放っておくほうがよさそうです。ときにはこたえてもらえないことを知るのも、自我のコントロールにとって必要です。すこし大きくなった赤ちゃんが「イナイ　イナイ　バー」に狂喜するのは、頼るべきひとが急にいなくなることの不安を、かならず現れてくれることへの確信が圧倒するからにちがいありません。

動かす

いまの育児でいちばん欠けているのは「動かす」ことではないでしょうか。赤ちゃんも人間、動物の一種なのですから、動かずに寝かされてばかりいるのは、どんなにつらいかしれません。おとなだって、一日中ごろごろして、食べるばかりだったら、体の調子が狂いますし、気分もうっとうしくなるでしょう。まして赤ちゃんは心臓血管系の力が弱いので、あまりじっとしていると、血のめぐりが悪くなって元気どころか発育さえもおかされる恐れがあります。

ところが、赤ちゃんはまだ自分では十分に体を動かすことができません。おとなwhile、うっとうしくなったとき、散歩に出かけたり、スポーツにひと汗かいたりして、爽快さを取りもどせますが、赤ちゃんはおとなの手助けがないかぎり、それも不可能です。

この不自由さは、親こそが補ってやらなければならぬことでしょう。親心はつい大切に大切にと扱いがちで、栄養をつけることばかりに気をとられますが、それではやっぱり足りないのです。

赤ちゃんは、そんなにか弱い壊れものではありません。栄養も、摂取と同時に消費をさかんにしないと、よく回転しません。ですから、うんと大胆に、もっと多くの時間、体を動かしてやってください。

それは、けっして大変なことではないと思います。暮らしの中に、折にふれて、いくらでもチャンスはあるはず。「赤ちゃん体操」を覚えるのも悪くありませんが、それが義務みたいになると苦のたねですし、形式ばかりに追われると赤ちゃんも迷惑になりかねません。

やるとしても、親がその気分になり、赤ちゃんも応じてくれそうな感じのときに、両方の動きが快くマッチするように、その場で調整しながらやってください。

とにかく、楽しむことがいちばんなのです。とすれば、「体操」などより自在な遊びのほうがずっといいのではないでしょうか。ひざに乗せて「ギッタンバッタン」したり、頭上に「タカイタカイ」したりするのは、かなりの運動量になりますし、慣れれば「キャッキャッ」と喜ぶものです。思いきって逆さにぶら下げてもいいくらいですが、ただ、いずれの場合にも、お手やわらかに始めて、こわがったらやめて抱きしめてやる必要はあります。

買い物や散歩に連れて出るのも、なかなかの運動。危険にだけは注意しながら、きょうだいや近所の子と遊ばせると、赤ちゃんの動きはさかんになるでしょう。

歩行器

最近、歩行器は、長時間使用すると、脳神経系の発達を阻害する恐れがあるといわれだしました。からだのバランスを取り、倒れそうになったときにからだを支える反射は、おすわり、はいはい、つかまり立ち、つたい歩きなどをしながら、自然に習得されてゆくもの。ちょうどその時期に、歩行器に入れ、道具でばっちり支えていたら、習得する機会を奪ってしまうというわけです。

たしかに、それは考えられること。そのうえ、あまり歩行器に乗り慣れた子は、爪先で蹴って前進するくせがついて、かえって歩行がおくれる場合があります。速度が速くてなにかにぶつかったり、段差のあるところで転がったり、事故が多いことも事実です。とすれば、歩行器は、すすめられる道具ではありません。すくなくも、わざわざ買ってまで与えるものではないでしょう。ですが、お下がりがあるとか、プレゼントにいただいたのなら無下《むげ》にお払い箱にすることはないと思います。もうしっかりお坐りが出来るようになっていたら、子どもが喜ぶかぎり、短時間、たとえば三〇分、一日二、三回乗せてやるくらいは、実際に影響がなさそうです。学理ばかりで規制するのでなく、経験と人情も大切にしてほしい。赤ちゃんにとって楽しい遊具であり、年寄りが与えたく、親もそのあいだ手が省けて助かるのなら、頭からの禁止は酷です。ただ、事故に十分気をつけることと、長時間入れっ放しにしないことだけは、厳守しなければなりません。

外に出る

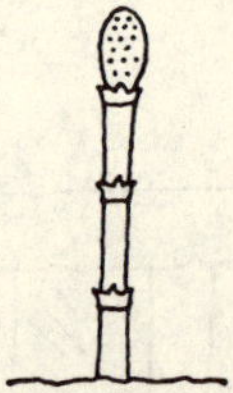

　ぽかぽかと陽気がよい日には、だれしも家にじっとしていられなくなるでしょう。誘い出されるように、明るい光や花のにおい、木々の緑のなかに身を置いてしまいます。

　そんなとき、だれが赤ちゃんだけを家に残しておくことができるでしょうか。いそいそと抱きあげ、戸外に一歩出た瞬間から、大きい自然に包まれた「人間家族」になっているはず。

　そこでは、人が考えた作為など力がありません。「外気浴」とか「日光浴」とか、自然を物理的な要素に分けて赤ちゃんの体への刺激にするといった意識は、どこかにいってしまうことでしょう。「外気」は空であり、風であり、香りであり、「日光」は輝きであり、ぬくもりであり、色彩でもあります。これらは、ただの皮膚や内臓への生理的な効果をはるかにしのいでいます。

こうして、外に出た赤ちゃんは、親といっしょに、生きることの広がり、まばゆさのようなものを感知するにちがいありません。深い青、流れる雲、木の枝葉をもれる陽光などは、いくら窓を開け放ち、裸にして日光に当てたとしても、室内では味わえるものではないでしょう。

そのうえ、外に出ることは、いろいろなひとびとと触れ、世のありさまを見聞きするよいチャンスともなります。人類とともに生きている動物、イヌやネコやトリたちと接することができるのも、戸外ならではの恵みでしょう。

赤ちゃんは、そうした喧騒《けんそう》のなかで、しだいにこの世となじんでいくのです。見ず知らずの顔が突然目の前に現れ、初めて聴く音声が耳元をおびやかします。えたいの知れない雰囲気や影が迫ったり遠ざかったりもします。

これらはきっと恐怖であるでしょうが、同時にたまらなく魅惑的でもあるにちがいありません。それが証拠に、赤ちゃんは親にすがりつきながら、「こわいもの」を凝視したがります。

こういった緊張した場面では、親はしっかりと子を支えてやらなければならないと思います。すがりつく子、泣き叫ぶ子が腹立たしく、あるいは世間体のために、突き放すような行為をすれば、赤ちゃんは強烈な不安に落とされるでしょう。それだけは避け、ぎゅっと抱きしめてやり、「こわいもの」にはわずかずつ近寄るようにすべきです。

外にいる時間は、のんびりと「そろそろ帰ろうか」といった気分できめてよいのではないでしょうか。寒い季節では真昼の日だまり、暑い時候になったら朝夕の涼しいときを選んで楽しんでください。

産休明け

「産休」が終わって、すぐ赤ちゃんを預けて勤めに出るのは、すごく気遣わしいことかと思います。でも、働きつづけたく、「育児休業」も取りたくないのだったら、ここが踏ん張りのしどころでしょう。

まずは、子どもに対する愛着を胸中で整えることが要求されるにちがいありません。それは激しい「内なる闘い」であって、けっして「身勝手」とか、まして「母性の喪失」などといわれる心性とは、似ても似つかぬ状況であるでしょう。

わが子への愛着は、孕み、産み、そして育てる過程で醸し出されてきたものです。もしかしたら、独身時代からの夢、結婚後の成り行き、そのうえ世間の通念とか習慣までもが影を落としているかもしれません。

ですから、ここで勤めに出るということは、それまでの親子、夫婦の関係を、生きかたのところで大きく変えるしんどさをともなわざるをえないのです。これは日常の具体性においてもたいへんなことですが、きちんと関係の組み替えをすれば、親子、夫婦の間は深まりこそすれ、崩壊する恐れはないと思います。

おそらくいちばんいけないのは、母親が罪の意識にさいなまれつづけることではないでしょうか。赤ちゃんに「ごめんね」という気持ちが初めのうち、ちょっぴりあるのはしかたないとしても、いつまでもそれにとらわれていると、母子ともにつらさにひしがれてしまいかねません。それより働くことの意思をわが子に伝えようとしてほしい。そのほうが、赤ちゃんもさっぱりと新しい環境になじんでくれるようにみえます。

これは夫婦のあいだでもいえることで、共働きから生じる困難を一方にばかり背負わせていると、両方ともが、しだいにつらさを増してゆくような感じがあります。きわどい争いはしながらでも、二人が協力して働き、育てるという点で一致してさえいれば、みじめにはならずにすみそうです。

ただ、赤ちゃんを預ける先のことは、うんと慎重に考えてからにしてください。まだこの月齢ではひ弱ですから、十二分に目がとどき、手もかけてくれるところでないと危険です。

距離が近く、便利のよいことも大切。そのうえ、親から離れる精神的飢餓をも感じさせないくらいの温かい包容力が必要です。そばに元気がよく余裕もある祖父母なり親戚、友人などがいれば、迷惑は覚悟で頼んでみたら。それが無理ならば、以上の条件を満たす保育所を命がけでも探さなければなりません。

母親が手元で育てなければならないか

産みの母親が密着して赤ちゃんを育てるスタイルは、歴史的にみても国際的にみても、人類に不変的なものではありません。むしろ、大家族が共同して育てたり、母子の接触が少なかったり、里子に出したりしていた期間のほうがずっと長かったようです。現代でも、集団保育や父親の関与の強い社会は世界に広くみられます。もし母親の愛情と世話が絶対的なものなら、人類はとうの昔に絶えていたことでしょう。

「母性愛」はけっして神秘的ではありません。生物としての本能であることは否めませんが、「育てる」行為のしかたにおいては、社会的な要因のほうがそれをはるかに凌駕するのです。大家族制のもとでは産んだ子だけにかかりきることなく、また「もらい乳」も普通だったそうです。いま、母親が働きたく、あるいは働かねばならぬ事情で子どもを他人に預けるのは、そうした共同体の崩壊がもたらした核家族化のなせるわざでしょう。それを「母性愛の喪失」といって非難するのは、女を社会に生きる人間としてみていない男優先の思想からだと思います。そうでなくても、「生産性がより高い」と認識される男性労働力を家庭で修復し、次世代の労働力である子を育てる機能を女性に押しつけようとしているところからきているにちがいありません。

このような状況下で、しかも「産休明け」から仕事に出るのはたいへん。でも、赤ちゃんの情緒については心配しないでください。これまで不可欠といわれていた「母子関係」は、実の母でなくても保障されることが最近の心理学でわかってきました。預かってくれるひとが他人であっても、心をこめ親身になって世話してくだされば、赤ちゃんは安定できるはずなのです。そのうえ、わが家に帰ったとき、両親して喜び迎え、可愛がってくれるのなら申し分ないではありませんか。かえって、母一人子一人で一日中向き合っているよりも、なん人かのちがったおとな、子どもの仲間がいたほうが社会的に開かれて育つのではないでしょうか。

ただ、いまの「産休」の制度は、母親の心身の回復からも赤ちゃんの抵抗力の成熟からも短かすぎるので、ひとによっては苦しいかもしれません。労働運動の課題として職場で取り組んでほしいところです。

産休明け保育所

「産休明け保育」を制度としてやっている自治体は、残念ながらきわめて少ないのが現状です。幸い居住地にあればいいですが、それでもなん度も福祉事務所に掛け合い、生まれたらすぐ父親が申し込むこと。近くになければ、ある地域に引っ越すのもやむをえないでしょう。「ベビーホテル」の類いは一般に営利が目的なので避けるべきですが、なかには家庭的で真面目なところもないではないので、よく調べてください。室内を見せたがらないとか子どもが過密で落ち着かない雰囲気なら、やめないと危険です。助成金を交付されているいわゆる「無認可保育所」はだいたい良心的、とくに「共同」を銘打っている保育所は熱心なところが多いのですが、それとて預かってもらいさえすればよいというのでは、親として無責任です。預けた以上、運営や保育の内容にもどしどしかかわらなければいけないと思います。

用事

出かけなければならない用事のときに、家にもう一人以上のおとながいればいいのですが、そうでなければ、赤ちゃんをどうするかが問題になります。

ごく短い時間、ゴミを捨てにいくとか、近くの店で小物を買ってくるといったことなら、赤ちゃんをひとりで置いて出るでしょう。それで事故がおきたという話は、聞いたことがありません。眠っていたり、おとなしく遊んでいたりするのを見はからい、ベッドのサクやふとんの具合などの安全を確かめて、小走りに用をすませてしまうから大丈夫なのだと思います。

ただ、それにしても、生まれて間もない子をうつぶせのままにしておくのは危険です。ちょっとのあいだでも、鼻と口がふさがれば、窒息してしまう可能性があります。

乳をのませたあとすぐ寝かせて出かけるのも、吐いたときに気管をつまらせる恐れがあります。

すこしでもまとまった時間を要する用事の場合には、ひとりで置いておくわけにはゆきません。そのあいだになにがおきるか知れませんし、万一事故があったとき対応がおくれてしまいます。

そこで、だれかに預けるか、自分が連れていくか、そのふたつにひとつということになります。どちらを選ぶかは、用事の性質と、その折の親と子の体調や気分を考えて決めてください。

預けたほうがよさそうなときには、思い切って先方に遠慮しないことです。その代わり、それだけの理由ははっきりさせ、平素から勝手ばかりしていないことが必要条件になるでしょう。

頼む相手としては、近いことと、赤ちゃんを知っていて、親ともなじんでいてくれる人が最高でしょう。そうした人とは、預けたことがきっかけになって、たがいに助け合える間柄になれそうです。

預けて出かける場合には、ついでに何件かの用事をまとめてすませてしまうようにしたらよいと思います。郵便局、銀行、買い物など、要領よくすれば、けっこう回れるもの。ただ、半日以上かかる用事、冠婚葬祭とか、自分の病院行き、同窓会などのときには、すこしぐらい遠くても、親戚か、懇意な友人に預けたほうが気が楽かもしれません。

赤ちゃんを連れていく場合には、とにかく早く用を切りあげて帰る必要があります。せいぜい二時間以内でしょうか。病院とか人ごみなど、病気をうつされやすいところは避けてください。

旅行

旅行のときに赤ちゃんをどうするかは、まず、その旅の目的やら性格によって違ってこなければなりません。赤ちゃんもこの世に生きる「ひと」ですから、それなりの人格と社会的な関係をもっています。そうした人間性と、いま立てられている旅行計画とはどのようになじむことができるのでしょうか。

里の祖父母が孫のすがたをみたいと望んでいて、こちらもそれに応じる気持ちが強いときには、赤ちゃんはその旅行にしっとりと溶け込めるし、主役として当然欠かすわけにもゆきません。しかし、もし義理でいやいやながら連れていくとすれば、赤ちゃんは両親と祖父母の狭間《はざま》で不安定になる恐れがあります。そのようなときには、できるだけ双方で意向を交わし合って、いくにしろやめるにしろ、心を整えてからにしたほうがよいと思います。

出産につづく育児疲れで、里に帰って休養したくなったら、赤ちゃんも連れていくことになるでしょう。勤めのある父親にはまかせられないし、赤ちゃんがそばにいなければ寂しいにちがいないからです。幸いに父親もまとまった休暇がとれるようなら、一家で出かけると、みんなが寂しくありません。

レジャーで、海や山、スポーツや観光に出かけたくなったときには、赤ちゃんのことをよく考えて、夫婦で十分に検討してください。この際は、まったくの親本位、赤ちゃんはそれに付き合わされるだけですから、あまりの勝手はかわいそう。ただ、父親ばかり遊びに出ることが多く、母親が鬱屈している場合には、〝男の付き合い〟は多少欠いてでも、家族で出かける機会をつくるべきだと思います。

いずれにしても、赤ちゃんを連れての旅行では、夫婦の協力が不可欠です。母親だけが抱きづめ、世話のしづめでは、母子ともにくたびれてしまいます。適当な「分業」も必要です。運転、荷物運びなど、それぞれの力と体調に応じて、おのずから役割がきまるはず。旅先での環境や交際が赤ちゃんに煩わしいようなら、夫婦して守ってやる勇気を持たなければなりません。

日程は、赤ちゃんに合わせてゆっくり、いつもの習慣をくずさないのがいちばん。

病気をしたら、予定を変更する度量が大切。乗り物は、目的地までの所要時間、速度の加わり方、揺れ、混雑など、いずれも少ないほど楽です。親子とも、生理的にも心理的にも二、三時間以上の拘束は苦しいのではないでしょうか。それをこえるときには、途中での休息を考えてください。

子連れ旅の実際

乗り物は揺れと加速度の少ない点では自動車よりも電車、急行よりも各駅ですが、アットホームで荷物がたくさん持てる点では断然クルマでしょう。長い旅になれば、指定席の取れる特急、寝台車、さらには飛行機とか船のほうがずっと楽と思います。

いずれにしても、座席に坐っている時間は二、三時間が限度ではないでしょうか。一日に乗っていられる限界も、赤ちゃんでは六時間といわれています。それをどうしてもこえざるをえない場合には、途中で降りて休むとか、一泊するとか、それも不可能なら乗り物内で動いたり横になって静かに眠れる交通機関を選びたいもの。

クルマの場合、車内の空気が悪くなりやすいので、換気に気を遣ってください。ひどい渋滞が予想されるときは、赤ちゃんは他の乗り物に切り換えたほうが無難でしょう。子連れでは気まぐれのドライブは許されません。授乳時はなるべく停車すること、急ブレーキと事故に備えてベビーシートに寝かせておくことが大切です。少々の振動は、赤ちゃんの頭に影響はないでしょうが、くたびれるので目的地についたらゆっくり寝かせるように。また飛行機の場合は、離着陸時にたてに抱いて乳をふくませると耳への影響を少なくできるといいます。揺れの大きいときを考慮して、赤ちゃんをしっかり抱くかベルトで固定しておくこと。

どの旅でも、傍でたばこは吸わないこと、吸っている人がいたら遠慮してもらうこと。ミルクのほか水分を十分に、離乳の始まっている子ならベビーフードのほかパン、ビスケット、カンづめなど簡便な食料を持参していると安心でしょう。途中こまめに着換えもしてやって

——ください。

祖父母

祖父母にとって孫は「天の配剤」だと、ある老作家がいったそうです。この述懐は、ほんとうによく祖父母の心情をいいえていると思います。

孫は自分が永遠に生きることの眼前のあかしであり、慈愛の新しい対象ともなれば、みずから心なごますよりどころともなるのです。この「天の配剤」は、無神経に奪われてはならぬでしょう。

子にとっても、「祖父母」となった親は、あらためての意味合いをもってくるはず。赤ちゃんを媒介にして、親子のかかわりは、心理的にも実際上も濃密化してきます。これも、避けるわけにはいかぬことでありましょう。

祖父母は、子を通して孫をみています。子の性格、その美点なり欠点なりが、孫に

受け継がれているのをすばやく感得します。子による孫の育てかたにも、その子の性格がにじみでるのを、恐ろしいほどの思いでみつめているにちがいありません。ここに祖父母の目の客観性があるのですが、それは同時に強烈な思い入れにも転じやすい性質をはらんでいます。

ですから、赤ちゃんをめぐる祖父母との付き合いは、心の深いところで触れる必要がありそうです。同居しておろうと別居であろうと、自分たちだけで育てていようと世話になっていようと、そこのところで分かり合おうとしなければ、うまくいきっこないと思います。

親にしてみれば、祖父母の孫への溺愛《できあい》や過ぎた干渉を感じれば、うとましくもなるでしょう。もともと子として親に対する批判もありますし、若いカップルには子育てについての気負いがあるのが当然です。そうしたことも、折りにふれてはっきりさせたほうがよいと思います。

ただ、あまりこまかい点で争うのはつまらぬことでは——衣服の着せかたとか食べものの与えかたなど、少々のちがいがあっても、大したことにはなりません。「しつけ」にしても、親と祖父母のあいだに不一致があったところで、まあ大丈夫。むしろ、赤ちゃんにとってはいろいろとかまってもらえるほうが、ひとを知るうえでのいい体験になるぐらいです。

とすれば、できるだけ相手のやりようを許してかかるのが賢明なように思えてきます。そのうえで、生きかたの根本だけは、たがいに守る節度をもつことでしょうか。それぞれの暮らしをかき乱すようなわがままがあっては、いい関係はできそうにありません。

系図

三木卓

ぼくがこの世にやって来た夜
おふくろはめちゃくちゃにうれしがり
おやじはうろたえて　質屋へ走り
それから酒屋をたたきおこした
その酒を呑みおわるやいなや
おやじは　いっしょうけんめい
ねじりはちまき
死ぬほどはたらいて　その通りくたばった
くたばってからというもの
こんどは　おふくろが　いっしょうけんめい
後家のはぎしり

がんばって　ぼくを東京の大学に入れて
みんごと　卒業させた
ひのえうまのおふくろは　ことし六〇歳
おやじをまいらせた　昔の美少女は
すごくふとって元気がいいが　じつは
せんだって　ぼくにも娘ができた
女房はめちゃくちゃにうれしがり
ぼくはうろたえて　質屋へ走り
それから酒屋をたたきおこしたのだ

『三木卓詩集』（現代詩文庫44　思潮社刊）より

うんこ

「うんこ」をまじまじと見せつけられることは、もしかすると、赤ちゃんを持ったひとの隠れた余得であるのかもしれません。日ごろ意識から追いやっている肉体の生理が、あらためてリアルに迫ってきます。その体験は、人間をふところ深いところで抱擁する感受性を育ててくれそうです。あの、うとましい不浄のものが、愛情によって嫌悪から遠ざかり、ときにいとしみの対象にすらなるという不思議は、世話をしたひとでないとわからないでしょう。

それだけにまた、「うんこ」は、親にはひどく気がかりなことになりがちです。よその子とくらべて、便の回数があまりに多かったり、少なかったりすると、そのままではいられなくなります。

この心配は、むずかしいけれど、まず、ぐっと抑制することからでないと、ほぐれそうにありません。こちらが期待する排便がみられないといって、ただそれだけを赤ちゃんに求めても空回りするばかりでしょう。それよりも、心を静めて、赤ちゃんのようすを見ることです。いつに変わらず元気があり、きげんも良く、乳の飲みも減らないし、発育も順調なら、支障がない証拠。なんの支障もなければ、いまの「うんこ」のしかたを変えるいわれは、赤ちゃんにはありません。

とすれば、そういうものとして受け取ることが、親たるものの度量として求められます。便の出かたは、母乳と人工で、ミルクなら銘柄で、離乳を始めていれば食品で、一様にならないのが当然です。その子の体の組成や、代謝と神経のタイプでも、相当にちがいます。たとえ、一日に五、六回であろうと、三、四日に一回であろうと、それでよい場合が多いのです。排便のときに少々苦しんでも、自力で出せるなら、コヨリや浣腸などしないことです。

親がしなければならないのは、そんな「うんこ」への干渉より先に、赤ちゃんのかまいかたを検討してみることだと思います。とくに、きげんが悪くなったり食欲が落ちるとか目方の増え方が減ったりしだしたときは、ほうっておけません。

乳やミルクの量と種類、果汁や離乳食の与えかたはいろいろと試みねばなりませんが、意外に盲点となるのが、厚着による汗のかかせすぎと運動不足からくる便秘です。親の緊張や葛藤が、赤ちゃんの心も乱して、下痢や便秘になることもありえます。排便時に泣き叫ぶほどなら、とりあえず浣腸をしたうえで、そんなことをとくと考えてみる必要がありそうです。

うんこが出ない

うんこの回数は「標準」があるわけではありません。なん回なら正常とか毎日出なければ異常とか定められないのです。極端にいえば、一週間に一回でも、一〇日目にやっと出たという場合でも、なにも支障がなければ、それはそれでその子に合っているのでしょう。母乳の子は回数が多いとか、ミルクの銘柄で傾向があるとかいったことも一概にはいえないようです。ですから、ただ回数が少ないというだけで、コヨリも浣腸もしないでください。おなかの気分が悪くなく便意を催してもいないのに浣腸されたら、だれだっていやでしょう。かえっておなかの調子が悪くなってしまうかもしれません。それよりも、まずは運動を十分にしてやってほしい。おとなも運動不足で便秘するくらいですから、ひとりでは動きにくい赤ちゃんは親が助けてやらねばなりません。おなかをマッサージするのもよいはず。母乳の場合、量が足りないのかもしれませんから、以後の体重の増加量を測って、もし最低線を割るほどになったら、ミルクを足すか離乳を進めるかしてください。

うんこのときに、真っ赤な顔をして力むのは心配ありません。不憫に思いがちですが、血液循環の助けになるし運動にもなるので、足を支え励ましの声をかけるくらいで自力でやらせるべきです。しかし、便が出そうで出ず、泣き苦しんだり肛門が切れて血が出るようになったら、なんとかしてやらねば——。また、どことなくきげんがすぐれず、食欲も落ちておなかが張ってきたりしたら、放ってはおけません。こういうときも十分な運動が大切ですが、そのほか食べものに配慮を加えることも必要です。まだ母乳かミルクだけの子はミカン、モモ、スモモ(プラム、プルーン)、リンゴなどの果汁をたっぷり与えてみて。そのどれが良いかは子どもによってちがいます。それで効かなければはちみつ、水あめ、マルツエキス、いちじくシロップなどを飲ませるのも一法。三カ月を過ぎていれば、早目に離乳を始めてみるのもよいでしょう。

なかには逆に離乳を始めたら便秘したという子がいるかも。多くは一時のことなので気にしないでください。バターや植物油をたくさん調理に用い、サツマイモ、カボチャをはじめ野菜、豆類、海草類を多めに与えるとよいかと思います。牛乳ばかり大量に飲む子は、はちみつ、水あめ、果物を加えてみたら。

なお、急にうんこが少ないだけでなく、飲みもきげんも悪くなったら、病気と思わねばなりません。生後ずっと発育が劣り、おなかが並はずれて大きい場合には、先天異常が疑われます。

うんこが出すぎる

回数が多いとか水っぽすぎるようでも、元気、きげん、発育が普通なら心配いりません。ただおしりが赤くなったら、おむつ交換と洗いをこまめにしてやってください。生後半年を過ぎてあまり水っぽければ、食事が足りないのかもしれません。離乳を進める工夫を。

うんこが変

便の色が緑でも白っぽくても、粒々や粘液が少々まじっても、また食べものがそのまま出てきても、元気、きげんがよく他に症状がなければまず大丈夫。あわてずその後の経過をみてください。血便や真っ黒い便が出たり、大量の粘液が出たときは、きげんがよくても便を持って医者へ。

健康診断

赤ちゃんがいると、役所から、何回か健康診断の通知がくるはずです。親としては、発育の具合や異常の有無が気になりますから、そうして調べてもらえるのは、ありがたいことでしょう。たしかに、小さいうちは、身体的に危険が多いので、医学面からのチェックを欠かすわけにはゆきません。

ですが、どうでしょう。いざ健康診断を受けて、そこになにかちぐはぐな物足りなさを感じたことはありませんか。というのは、親にとって赤ちゃんは「わが子」であって、客観的な目に照らしただけでは満たされない思いがあるはずだからです。それに、赤ちゃんを育てるのは暮らしとしてなのであって、「健康管理」としてやっているわけではありません。

身体にかぎっても、親が気がかりなことと医者などがチェックしようとすることとのあいだには、かなりのずれがあるでしょう。これは、健康診断が国の行政として、その立場からの問題意識に基づいて行われているので、どうしても避けがたいことなのです。国と一人ひとりの立場とは、かならずしも一致しません。チェックの内容も学者が決めるので、生活感覚とはかけ離れることが少なくありません。

こうした点は、だんぜん改めてもらっていいことです。せっかく赤ちゃんのためにするのですから、まず、その子と親の意に沿うように。そして、お上による決まった形の「調べ」でなく、一人ひとりの心配にこたえる、地についた「相談」であるように。

そのためには、聞きたいことがあったら、たとえ雰囲気が堅くても、遠慮なく尋ねる勇気が必要です。そうでないと、赤ちゃんは品質検査を受ける物品みたいになってしまいますし、だいいち、医者のチェック項目にない問題を落としてしまう危険があります。

万一、「異常」といわれたときは、たいへんなショックでしょうけれど、ここではぜひ落ち着いてください。いまは「異常」のレッテルを張りすぎるきらいがありますから、納得できなければ、十分に説明を求めたほうがよさそうです。「精密検査」も必要だとして、それをどこで受けるかは親の自由であって当然。結果のプライバシーを守ることも大切です。

とにかく、一切を健康診断に取り仕切ってもらうのでなく、親も生活感覚からの判断力を鍛えて、楽しく赤ちゃんを育ててほしいと思うのです。

健康診断の受けかた

　現状では、役所のやる健康診断を、そのますんなりと奨める気にはなれません。あれは国または自治体が住民の健康をチェックし、掌握し、管理しようとする意図に基づいて行われるものです。その奥には権力を持つ政界、財界、産業界の要請が強く働いているにちがいありません。現に「低成長」「老齢化社会」と厳しい国際環境を目前にして、次世代には高い生産性が求められていることは事実です。そのために、幼いときから、それに応じられる健康づくりを図りたい、応じられないような「障害」のある子は「早くなおす」か、邪魔にならぬよう別の扱いをしようという政策が次々と出されているのです。赤ちゃんの健康診断もその一環に据えられていますから、本質的に一人ひとりの子どもと親のためになされるわけではない。そのことは、実際に健康診断にいってみれば、いやというほど感じさせられると思います。

　ではどうするか。敬遠して私的に病院かデパートなどのサービスで診てもらうのは一法。しかし、これも多くは医者や保健師が権威的で内容も役所のとさほどちがわないのが実情でしょう。診断の結果が健診票や母子健康手帳を通じて役所に知られていくことも増えてきました。とすれば、いずれにしても、親が頑張って自分たちの健康診断にするように仕向けるほかありません。聞きたいことはどんどん聞くほか、他に知られたくないことは拒み、診断の結果をどう解釈しどう処置するかについても専門家と意見を交わし、最終的には親の責任で決めることを原則にしなければと思うのです。

予防接種

役所から予防接種の通知がきても、指定されたときに受けられないことは多いものです。せっかく予定していたのに、赤ちゃんの具合が悪くなったり、急な用事が飛び込んだりしてしまいます。共働きですと、なおさらその日時に都合がつけにくいものです。暮らしのごたごたにかまけて、ついうっかりということだってあるでしょう。

こういった場合、しょげたり、あせったりする必要はありません。いまは、予防接種をそんなに急いでやらなければならぬ時代ではないのです。結核はほとんどなくなったし、小児まひも絶無に近い状態、百日せきもまれになっています。ですから、そういったワクチンは、相当におくれても、まず大丈夫。やらないほうがいいという意見すらあるぐらいです。すくなくも、体調のすぐれないときに無理して受けるのは危

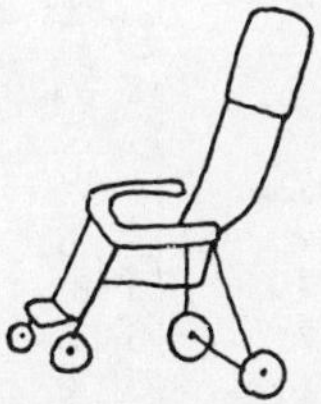

険です。

ただ、なんでもだらだらと日延べしてしまうのは先方に悪いですし、なにより赤ちゃんにすまぬこと。とくに保育園にいっている子の場合、病気がうつる機会が多いので、生後間もなくでもBCG、一〇カ月を過ぎていたら麻疹（はしか）ワクチンをやっておくべきです。家にいる子でも、接触する範囲に結核の病人が出たというときには、すぐツベルクリンを調べたうえで、BCGをしなければなりません。身近にはしかが発生して、うつりそうだという場合には、お誕生日以前でも、早急に麻疹ワクチンをやったほうがよいと思います。

いよいよ予防接種を受ける際には、心配や疑問があったら、ちゃんと確かめることが大事です。すべて「おまかせ」というのは事故のもと。接種する医者は、たいていその子を平素から知りませんし、短時間に大勢に対処しなければならないので、通りいっぺんになりがちです。

あらかじめアンケートを書かされますが、どう書いていいかわからぬこともあるでしょう。また、あれだけではすまない問題があるかもしれません。それらは、口頭でじかに話すのがいちばんです。

なんでもいわれた通りにしないと怒られることが多いでしょうが、ちゃんとした自分の考えがあるのなら、堂々と述べる勇気をもってほしい。ワクチンの効果と副作用は、遠慮なく問いただしてかまいません。

生れつきの心臓病や脳性まひなどがあると、やってくれないかもしれませんが、本当はそうした子こそ予防が必要なので、よく相談してみてください。

どんな子も、接種後に変わったようすが起きたら、すぐ問い合わせる必要があります。

予防接種について

予防接種のほとんどは「集団防衛」といって、日本なら日本に住む人間集団を伝染病から守ることを目的としてなされるものです。ですから、国家的見地から流行《はや》ってほしくない伝染病に対する予防接種は熱心にすすめられてきたし、多くは義務として国民に課してきていたのです。その端的な例が種痘で、天然痘のような近代国家として恥ずかしく治安を乱す伝染病はなんとしてでも撲滅したかった。そこで明治のころは巡査がサーベルで威嚇して接種させており、第二次大戦後天然痘がなくなってもしばらく強制がつづけられたわけ。その間、副作用でどれだけ死人が出ようと国として知ったことではなかったのです。このような性質は今でも引きつがれていて、BCG、小児まひ、百日せきなどのワクチンの接種が強制と同じ、受けなければ身勝手、まるで非国民みたいに非難されることを覚悟しなければなりません。そこでは受ける側の希望とか効果に対する疑問、副作用への懸念は無視されがちなのです。

そういうわけですから、予防接種の通知が役所から来たといって、無批判に受けてはなるまいし、逆に通知の来ない予防接種でもやっておきたいのがあれば、よく調べたうえで受けることをすすめたいと思うのです。

ワクチンのいろいろ

BCG　結核は最近増えてきたとはいうけれどかなり稀なので、一律にどの子にも接種するのはどんなものかと思います。それに接種後ツベルクリンの判定が狂いやすいのも大きな問題。僅かだけれどリンパ節が膿むなど副作用もあることを考えれば、これからはBCG以外の結核予防法を取り入れるべきでしょう。ただ、そうはいっても、赤ちゃんの結核性髄膜炎と粟粒結核にはかなり効果があるので、身近に結核のひとが出たとか、保育園に入れる場合には接種を受けておくことをすすめます。

小児まひ（ポリオ）生ワクチン　天然のポリオウィルスによる小児まひは、日本では一九八〇年以降なくなっています。なのに、生ワクチンによる「まひ」が五〇万～一〇〇万人に一人の割合で発生しています。しかも、飲んだ子からワクチンのウィルスをうつされて「まひ」を起こすことが四〇〇万人に一人くらいの割合で生じているのです。ですから、生ワクチンは飲ませないほうがよいかと思います。さすがに厚生労働省は近く生ワクチンをやめ不活化ワクチンに切り替える考えのようですが、不活化ワクチンも効果と副作用に問題があるので勧めたくありません。

三種混合ワクチン　熱が出たりひきつけたり跡が固くなったり副作用が多いので、すすめたくありません。その元凶の百日せきを抜いた二種混合をお誕生日過ぎてからしたらどうでしょう。ただ破傷風は怖いので、その一種だけはぜひ。百日せきはエリスロマイシンという抗生物質で予防がかなり可能です。

ＭＲワクチン　麻疹と風疹の混合ワクチンですが、風疹は赤ちゃんにはとても軽い病気なので、麻疹だけ受けるのがよいと思います。

知恵づき

　時の移りは、「ひと」と「ひと」との関係に変更を迫ります。それは、人間同士がたがいにせめぎ合うためと、各人がいつも一カ所に止まっていないというところから、いや応なしに生じてくる宿命なのでしょう。

　子を育てる営みにおいても、こうした「時のいたずら」を免れることはできません。親と子のかかわりは毎日が濃密ですし、赤ちゃん自身もその中でめざましく変化をとげていきます。ですから、とりわけ感慨深いことがたくさん起きるのではないでしょうか。

　そのいちばんの機縁となるのが、「知恵づき」といわれるものだと思います。赤ちゃんが「オクン、オクン」と話しかけてき、身を乗り出して抱っこを求め、家中をひっかきまわして「いたずら」をするようになるにつけ、親の気持ちも複雑にゆさぶられずにはおれません。

これこそが、将来への希望をふくらませる幸せの根ではあるのですが、裏面に親をためす厳しいトゲをも隠し持っているからです。ここには、主体としての、独立した人格の強力な発芽があります。

とすれば、親が子の「知恵づき」をいっさい取り仕切ることは、原理的に不可能と知るべきです。親の愛と期待は「かしこさ」を求めずにはおきませんが、それが動物に対する調教のようになったなら、恐ろしい葛藤に見舞われるにちがいない。おしっこを教えるようになる、ことばがしゃべれるようになる、といったことに勝手な目標を置き、一方的に仕込もうとして、失望とあせりにさいなまれるなどがその端的な例です。

知恵は、他人から押しつけられるものではありません。まずは「ひと」と接することによって感情を揺さぶられ、それが動機となって自分から周囲と交渉する意欲を持ってこそはぐくまれるものなのです。ならば、赤ちゃんとはしっくりとなじむこと、赤ちゃんの行為はできるだけ受け入れ助けてやること、接する世界を広げてやることが、なにより大切。教え込まねばならないときでも、赤ちゃんが心で感得するように仕向ける必要がありそうです。

このごろは「発達」ブームで、知能の程度を調べたり、よく「伸びる」ための技術がすすめられたりしていますが、そんなことには足を引っぱられないでほしい。それよりも、赤ちゃんの成長をのんびり見守りながら、自分なりのやりかたで丹念に相手をすることのほうが、どれだけ手ごたえがあるか知れません。

ルとは関係ありません。

「発達」ということがやかましくいわれますが、これは暮らしの実感にそぐいませんし、ことばとしてもしっくりしないでしょう。いったい、どこの家庭で「うちの子が発達した」などといいますか。やっぱり「大きくなった」というのが素直な感じではないでしょうか。子どもが「大きくなる」のは、生活の年輪のようなもので、「発達段階」がどうのこうのというのとはちがいます。生まれて百日もたてばお宮参りなどすることになるし、一年たてば誕生日を祝うのが人の情です。それは「首が坐る」とか「一人歩きする」といった発達のレベルとは関係ありません。

「発達」とその「標準」

やはり「発達」というのは生きる次元とはちがった別の尺度なのだと思われます。生きるところでは「這えば立て、立てば歩めの親心」というのがありますが、それはいま育児書や保健所、保育所などで強調される「発達」とはどこかちがうようです。おそらく「発達」は個人でなく一般の尺度であり、その一般は大多数者を「標準」としたものなのです。さらには「標準」ならいい、それをこえる子は優秀、下回る子は劣等という価値観がひそんでいるのかもしれません。なんという冷酷な考えかたなのでしょう。大多数者におくれた育ちをする赤ちゃんは劣った人間なのですか。人間としての尊厳は変らないはず。それをみんなが早いのを良いとするのは、能率をことする生産性至上の考えかたです。

一人ひとりの親としては、そんな考えかたにとらわれずに、わが子の育ちを願ってほしい。「標準」よりおくれていても、その子なりのペースで育っているし、親の目から見ていいところが認められれば、それを大切にしてほしい。たとえ保健所などで「異常」といわれても、一時は愕然とするでしょうが、しっかり踏みとどまるように。だいたい「発達」がやかましくいわれだしてから、「異常」の疑いを持たれる子がむやみに増えているのです。その大半は実はなんともない。「ボイタ法」なんぞという、赤ちゃんを逆さにぶら下げたりする検査で調べるのですが、その実証性が疑わしいうえに、短時間に画一的にやるものだから「変な」結果が多く出過ぎてしまうのです。「できること」の調査でも、微妙な移り変りがあるのにクリアカットに判断するので、「おくれ」を作り過ぎるきらいがあります。親の目だけでなく知人からも見てもらって「まあまあ」なら、すくなくも大したことではないと受け取めてよいと思います。

「知恵おくれ」の子

脳神経系に障害があって知恵づきのおくれている子も、育てかたは普通の子と同じにしてください。不憫に思って大切にかまいすぎたり、世間体をはばかって家に閉じ込めたりしていると、かえって知恵づきが阻まれましょう。なにか特別の治療法がないかとあちこち病院を訪ねるのもほどほどにしたほうがよさそう。知能を良くする薬などありません。およそ「知能」といわれるものは、人間の精神活動の一部にしかすぎないので、それだけを重要視することはないではないですか。

大切なのは人間として生き、人間として扱われることなので、堂々と世間に出していってほしい。その意味での知恵がつく筋道も、普通の子と変らないはず。「療育」といわれる特別な手当てがあるとしても、施設に入れるのでなく、あくまで生活の場でやってやるのが本筋でなければなりません。

発育

赤ちゃんの「発育」、体の大きくなりぐあいは、すごく気になることでしょう。とりわけ、太らない、背丈が短いといったときには、だれでもが心配でたまらないようです。知り合いに立派な子がいたりすれば、なおさらあせってしまいます。これに反して、発育の良すぎるほうは、太りすぎが案ぜられるにちがいありません。

こうした懸念は、医者や保健師さんなどにきめつけられでもしたら、いても立ってもいられないくらいに強まることでしょう。まれには「育てかたがなっていない」とか、「それでも母親か」などといって、しかりつけられることもあります。そうしたときには、血が引くような思いがするかもしれません。

ところが、実は、これらの多くは「異常」、たとえば発育不良とか肥満であるとは

かぎらないのです。もし家でみていて、元気があり、きげんも血色もよいのなら、たいてい大丈夫。体つきも、どうみても「これは」というほどの極端ささえなければ、まず大したことではないでしょう。

すくなくも、あわててミルクや離乳食の量を増やしたり制限したり、無理をしないほうがよさそうです。赤ちゃんは、けっして計算どおりに飲み、食べてくれるものではありません。それを強行しようとかかれば、赤ちゃんはきげんをそこね、親はいらだつだけでしょう。

体の大きさには、ひとつ、持って生まれた素質があります。親をはじめ先祖に、乳幼児期に同じような体型だった人がいるのなら、たいていそれに似たのです。おとなになったら、その人の成人期のすがたに近い感じになるのでは――。うれしくも悲しくも、ここには、ひとの世の宿命を感じさせられます。

それに、赤ちゃんの時期は発育がさかんなので、早いおそいに差が大きくでやすいのです。体のつくり、とくに水分と脂肪分のつきぐあいにも、相当に個人差があって、それが見かけ上の太りぐあいを左右します。ですから、同じ月齢ならみんな同じ体というわけにはゆきません。だからこそ「わが子」の感じがでるのだし、その体をいとおしめるのではないでしょうか。

もちろん先天性の異常が発見されたり、生気に欠け、発育が極端におかしいときには、医者に相談しつつ慎重に育てなければなりませんが、それにしても暮らしの実感は大切に。「指導」だけにひきずられないようにしてください。

体重の増えかた

体重の増えかたはさまざま、一人ひとりでちがいます。ですから、みんな一様でなければいけないとするのは、あまりにも機械的な考えです。もちろん、ある限度をこえて並はずれていれば異常なことがありますが、その限度には相当の幅が見込まれているのです。現在の日本の赤ちゃんでは、一日平均の体重増加量は、元気がよく他に変なことがなければ、およそ表に示したような範囲内にあれば、まず大丈夫と考えてよさそう。そのうえ母子健康手帳のグラフの帯の中に入っていて、カウプ指数（三三ページ）が一三〜一二のあいだにあれば、心配ないでしょう。だいたい、こういう範囲内にある子は一見して、やせ型、太り型の差はあるにしても、まともな感じを持たせるもの。数字よりも、そうした感じのほうを尊重してほしいと思うわけです。

発育については、このほか、経過を見ていくことも大切。ひととき増えかたがおかしくても二、三カ月経つうちにまともになるケースは珍しくありません。体重の増加には図に模式で示すようないくつかのパターンがあって、どの子も母子健康手帳のグラフどおり(1)ではないのです。初めは増えが少なくて心配していたら急にふとりだした(2)とか、その逆(3)もあるし、中には増えては休み、休んでは増えるといったむらのあるもの(4)、いつも少ないながら一定の増加量を保って結局は普通になるもの(5)などさまざま。このどれかの経過を辿ればいいわけです。

病的に発育が悪い場合には、それは極端に増加量が少ない。一般に心配するような域をは

１日平均体重増加量

1～３カ月	50～20g
3～６カ月	30～10g
6～９カ月	15～５g
9～12カ月	10～３g

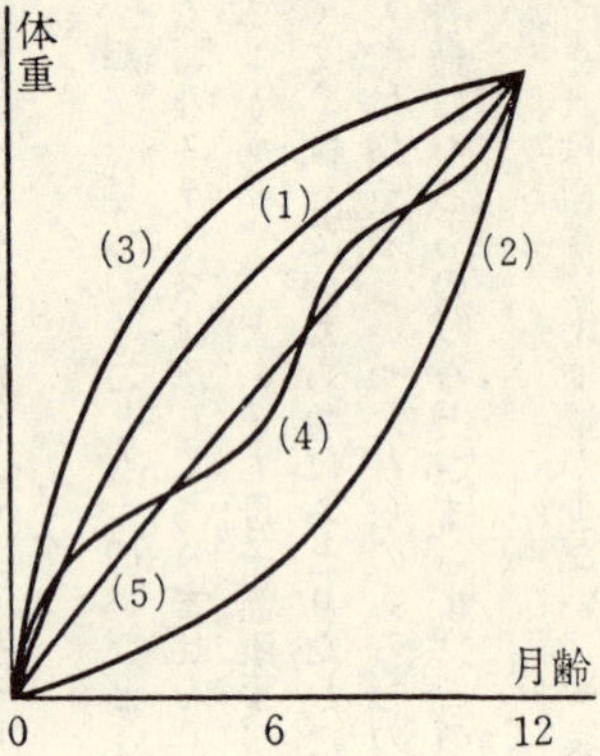

るかにこえて少なくなります。だれが見ても「これは」という感じを呈するはずです。こういうときにはほうってはおけません。

身長の増えかた

身長はめざましく増えないうえに測るときの誤差が大きいので、毎月のように調べていると「伸びない」とか「減った」といった妙なことが起きかねません。せめて二、三カ月は間をおいて比較するのがよいと思います。

身長の増えかたも、体重と同じく相当の個人差があって、経過も一様ではありません。母子健康手帳のグラフの帯からどんどん離れていくようなら専門医に相談したほうがいいですが、低いながらも並行して伸びていっているなら心配はいりません。赤ちゃんのときの身長と成人してからの背の高さとは相関関係はないそうですし、人間、背の高い低いで価値は定まりません。

梅雨

雨は作物の生育に欠かせぬもの。人間にも、やはり、かけがえのない自然の恵みのひとつです。梅雨は、じめじめとうっとうしいことで陰鬱なイメージを持たれていますが、この意味で、暮らしかたを明るく豊かにしてみたらどうでしょう。

作物が実りを蓄えるように、雨音を聞きながら静かに日を過ごすのも、いいではありませんか。外に出られない分だけ、内面を肥やすことができそうです。自然の中にひっそりと息づいていれば、おのずと生きている者同士の寄り添いもあるでしょう。「よく降るねぇ」と語りかけながらの日々は、知らず知らず赤ちゃんを一人前の家族の成員にしていきます。

たまの晴れ間に空をあおげば、清らかに澄んでおり、若葉の緑はみずみずしく、草

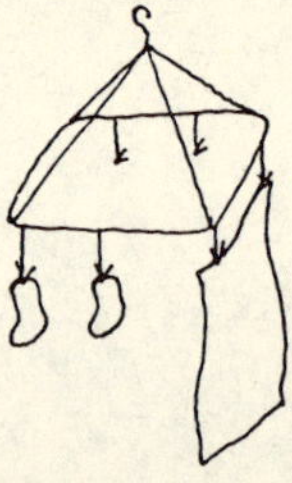

のにおいも広がっていることでしょう。したたり落ちるしずくに髪をぬらしながらの散歩は、心まで洗われたような感じがするにちがいありません。洗濯ものを外に出すのを少しくらい後にしてでも、この心地良さに赤ちゃんと共にひたりたい――。

梅雨どきだからといって「食あたり」にびくびくすることもありません。むしろ、食欲が落ちていたら、好きなものを大胆に与えるくらいにしたほうがよさそう。乳の飲みが減ったときは、代わりに水、果汁を、ミルクを飲む量が少なくなったら水道水ほどの冷たさにしてみたらどうでしょう。それでもだめなら、あっさりあきらめること。無理強いは逆効果です。

この季節、大事なのは、食べものの保存のしかた。うっかり春までの感覚で、室温に放置すると失敗します。とくに残りもの、なまものは危険、ミルクを含めて、そうしたものは与えないか、煮炊きしてからにすべきです。冷蔵庫の材料は、三、四日以内のものを使ってください。

衣類も、つい、春からの惰性で着せすぎになりがち。日によってむしむししたり、冷気を感じたり、微妙な変化があるので、それに応じた配慮も必要です。赤ちゃんのきげんと汗のかきぐあいを目安に調節してください。あまりに蒸すときは、クーラーの除湿をかけるのもやむをえないと思います。

悩みのたねの洗濯は、晴れ間にいっせいに外に出すほか、軒に干す、室内につるして扇風機の風にさらす、アイロンをあてる、ファンつき暖房機、またはクーラーをかけるなど試みてください。清潔な乾燥機が利用できれば強力でしょう。

夫と妻

赤ちゃんが成長するにつれて、夫と妻のあいだにも、しだいに微妙な変化が生じてくるでしょう。

ひとつには、赤ちゃんを中にはさんで、それぞれがどう向き合うかという点で、異なる性向があらわれざるをえないからです。生まれた直後は、二人の立場は「親」を自覚することでは漠然と一致していて、愛情の軸も赤ちゃんに強く焦点を結んでいます。それが、子持ちの暮らしに慣れ、赤ちゃんもしっかりしてくると、たがいの人生への意志が再びはっきりと頭をもたげ始めるはず。しかも、今度は、二人だけのときとは状況がまるでちがっています。

そこには、男と女の生来の差もあるでしょうし、それぞれの気質と育ちも大いに関

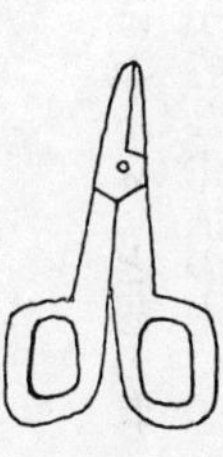

係するでしょう。「男は外で働き、女は家を守るもの」という世の通念にも、知らず知らずひきずられているかもしれません。

ここのところで、夫と妻が家族のありかたをきちんと詰めておくことが、二人だけでなく、赤ちゃんの遠い将来のためにも大切なのではないかと思います。育児の絶え間ない乱雑さは、楽しさとともに、つい日々を流してしまいますが、その中で感じるたがいの不満は、意外と大きな問題の芽をはらんでいるものです。

「勝手すぎる」「自分ばかり損をしている」とか、「なっていない」「かまってくれなくなった」などといった思いは、いいかげんにはすませておけません。これらは赤ちゃんをはさんで、二人の愛情の軸がそれ始めた兆しなのかもしれません。その元凶が、もし社会通念にもあるとすれば、それに対しても、とことん議論しておく必要がありそうです。

育てかたについての意見のちがいは当然あるし、あるほうがいいくらいですが、一方だけに強制したり、まかせてしまったりするのでは、他方のいいところが生かせなくなりましょう。

こうしたことから、夫婦で育児を分かち持つのが原則でなければならないと思われてきます。それはかならずしも形の上での平等でなくとも、両方が心と生活の中に子どもをきちんと組み込んでいればよいのです。父親でも、赤ちゃんを愛し、広い胸に抱いてやり、楽しく遊んだり世話をしてやれば、なついてくれるもの。彼の男性的な接しかた、粗暴な動き、冒険心は、やさしさが根底にありさえすれば、赤ちゃんの人間形成に大きく貢献することでしょう。

おたがいの不満

実は気にかけ思い合ってもいるのに、毎日のせわしさから確かめるチャンスがなく、こまかいことで相手を誤解し、内心で不満をつのらせている場合が多いのではないでしょうか。そうかもしれぬと思われたら、とにかく二人だけでゆっくりできる時間をつくってみたら――。ほんとのところを語り合えばいいし、たとえそんなにまでしなくても、しんみり居るだけでちがうのでは。

赤ちゃんができれば、当然、現実的にも心の中でも、おたがいのことにこれまでのようにはかかりきるわけにはいかなくなります。もしそのことでの不満があるのなら、赤ちゃんにも少しは親の面倒をみてもらうよう頼んでもよいと思います。二人で楽しんでいるあいだ、赤ちゃんにちょっと眠っていてもらうとか、着換えや食べもののサービスを待ってもらうくらいのことはしても悪くはないでしょう。

ただ、夫が妻から今までどおりの世話を受けようと望むのは無理な注文。妻も赤ちゃんと夫の双方に完璧な世話をしようと努めるのはやめたほうがよい。それでは妻の負担が重すぎるし、前と同じように出来っこないので、かえって夫の不満をつのらせるだけ。彼の甘えは外に向けられるかもしれません。この際は、どうしても育児と家事の分担はすべきだし、そうすることによって夫婦の結びつきに新たなものが加えられるのではないでしょうか。

もしおたがいの不満が高じても、それが愛情の根深いところでなく、ただ赤ちゃんがいるための困難とか関係のずれだけで破綻をきたすのはいかにも簡単すぎると思います。

つきあい

子持ちになると、二人だけのときとくらべて、友だちづきあいがずっと減りがちです。なにか「家族」というまとまりのようなものができて、他人のほうが入り込みにくくなってしまうのでしょうか。物理的にも、外出が困難だし、客がきても落ち着いた時間がとれません。

これは、やはり寂しいことです。いくら、かわいい子ができて楽しい日々がつづいているようでも、その半面で社会から閉ざされていったのでは、やがては、どうしようもない孤独感に襲われそうな気がします。二人とも外で働いていればまだしもですが、それでも生活の場で閉ざされていては、突っ込んだ人間同士の交流がえられないだけでなく、楽しさも限られるでしょう。まして、妻だけひとり家にこもっていたら、

話題も視野も狭くなり、世間の緊張関係から取り残されて社会的成熟に欠けるところがでてくる恐れがあります。

こうした状況は、おそらく赤ちゃんにとっても好ましくないだろうと思います。赤ちゃんは母親だけで育てられるものではありません。父親も責任を持たなければなりませんが、それでもまだ不十分。赤ちゃんは、親以外の人とも接し、ときには親から離れて世の情けを知ることも大切なのです。そうしてこそ、「社会性」といわれるものが身につくし、独立心も鍛えられるはずだからです。

実際の生活上も、つきあいが狭いと、いろいろと困ることが多いのではありませんか。なにかのときに赤ちゃんを頼めるひとがいなかったり、情報を伝え相談にのってくれる相手が乏しかったりすれば、途方に暮れてしまいます。

そうだとすれば、なるたけ積極的につきあいは広げるように心がけるのがよさそうです。ことに、主婦が孤独感にさいなまれているとか、閉じこめられたエネルギーを発散させたい気持ちがいっぱいのときには、思い切って世に出ることです。近所の同じような子持ちのひとに声をかけて親しくする、昔の友人に声をかけて若き日に帰る、仕事でも勉強でも趣味でもやりたいことは出来るだけやる——そういうのはどうですか。

夫婦してそんな風にやれたら、赤ちゃんを含めて、生活は豊かになるでしょう。たまには子どもを預けて、ふたりで映画やスポーツを楽しむのも心身のうるおいとして貴重です。他人の目は親の盲点を気づかせてくれることがありますし、もし片親で育てている場合には、友だちの援助は不可欠でしょう。

地球へのピクニック

谷川俊太郎

ここで一緒になわとびをしよう　ここで
ここで一緒におにぎりを食べよう
ここでおまえを愛そう
おまえの眼は空の青をうつし
おまえの背中はよもぎの緑に染まるだろう
ここで一緒に星座の名前を覚えよう

ここにいてすべての遠いものを夢見よう
ここで潮干狩をしよう
あけがたの空の海から
小さなひとでをとつて来よう

朝御飯にはそれを捨て
夜をひくにまかせよう

ここでただいまを云い続けよう
おまえがお帰りなさいをくり返す間
ここへ何度でも帰つて来よう
ここで熱いお茶を飲もう
ここで一緒に坐つてしばらくの間
涼しい風に吹かれよう

『谷川俊太郎詩集』（思潮社刊）より

夏の病気

赤ちゃんがかかりやすい病気は、季節によってかなりちがいます。現れかたもまた、時代と地域によって一様ではありません。

昔の日本では、夏といえば、脳炎とか腸炎とかが猛威を振るって、幼い命をあっという間に奪っていました。その記憶があるものですから、今でも、とくに年配のかたは、暑い日に赤ちゃんが熱を出したりすると、すぐ重病ではないかと心配してしまいます。

しかし、幸いなことに、最近は、そういう恐ろしい病気はほとんど姿を消してしまいました。日本脳炎は指折り数えられるくらいの発生で、それもおおかた西日本の老人に限られています。腸炎も激減して、「疫痢」などといわれていた命取りはもう見られません。ポリオ（小児まひ）が絶無に等しいのはご承知のとおり。

これらに代わって、今では「夏かぜ」と総称される一群のウィルスによる病気がこの季節を憂鬱にします。とりわけ人口の密集した都市部や集団生活を送る保育所などでは、赤ちゃんが熱をだしたり機嫌が悪くなったりしたら、まずは「夏かぜ」と考えて間違いないほどです。

その代表がヘルパンギーナという病気で、素人でも「診断」がつけられるかもしれません。「のどちんこ」のあたりに水泡や黄白色のブツブツがみえ、そのまわりが赤くなっていれば、たいがいそうです。

これは、放っておいても、わりと元気で、二、三日もすれば治ってしまうので、涼しくして、様子をみていればよいでしょう。もし、口の中にブツブツが広がって、乳を飲まなくなり、よだれが増えたら口内炎、手や足にもブツブツができたら「手足口病」に違いありません。

これらもたいがい一週間前後で治るので落ち着いていればいいのですが、大切なのは水分をたやさないこと。入院して「点滴」をするより、家でその子の好む水気のものを、わずかずつでも丹念に与えるよう努力することが先でなければなりません。ブツブツがひどく化膿してしまった場合は別として、抗生物質も有害無益です。

目が真っ赤になって高熱がでるタイプは、医者にかかるほか、伝染力が強いので厳重な手洗いが必要です。万一、高熱とともに、しきりに吐いたり激しく泣いたりし、意識も薄れがちなときは検査が必要ですが、たとえ「ずい膜炎」でも、多くはウィルス性で、跡形なく治るのが普通なので、気を強く持っていてください。

脱水症

熱がつづいたり、食欲が落ちたり、吐いたり、下痢したりすると、すぐ「脱水症」と脅かされる傾向があります。でも、そんなにいわれるほど簡単に脱水症になるものではありません。医者は大事をふんで、ちょっとでもその恐れがあれば入院させて「点滴注射」をしようとするのでしょうが、ゆき過ぎが多いようです。まだ元気もあり、口から水分が取れるのに、ベッドにくくりつけられ、太い針を立てられてなん時間も動けずにいるのは、見るにしのびません。

水分を欲しがり、多少とも飲めるのなら、まず口から与える努力をするのが先決です。そのためには入院よりも家で親が愛情をこめてこまめに看病するほうが、ずっといいと思います。その子の好む水分は親がいちばんよく知っていますし、飲ませかたやタイミングもいっしょに住んでいてこそ程良く出来るもの。なにより、赤ちゃんが安心でき、わがままがいえることが飲む量を多くするにちがいないのです。

飲ませるものはなんでもいい。母乳はもちろんミルクもそのままか二、三倍薄くして。水、番茶、薄めたジュース、すまし汁、スープのほか水気が多い果物、シャーベット、アイスクリームのようなものを与えるのはどうでしょう。一度にわずかしか飲まなければ、とにかくなん度も誘ってみること。乳首を吸うことが出来なければ、スポイトかスプーンでむせないように口の奥に流し込んでみること。口内炎がひどければ専用の軟膏や痛み止めを塗ってやり、吐くときはそれを恐れず少量ずつ頻回に。脱水症を防ぐには、水分を与えると同時に、できるだけ汗をかかせない工夫も必要です。

これだけやっても、赤ちゃんがぐったりし、意識もとろとろするようになったら、大至急「点滴注射」を受けなければなりません。かわいそうという情は、ここでは許されません。ただ元気を取り戻し、飲みたがるようになったら、なるべく早く止めてもらうように。

ずい膜炎

生後半年も過ぎた子が、急に高い熱を出し、しきりにぐずり、吐きそうにしたり、なん度ももどすようになったら、「ずい膜炎」の疑いがあります。あやしても笑わず、苦しそうな顔をして、しきりに頭を振ったり髪に手をやる素振りを見せ始めたら、疑いはますます濃厚。すぐに医者に診せる必要があります。

けれども幸いに、結果としてはおそらく、ただのかぜであったり、中耳炎とか、夏ならば熱射病といったことが多いでしょう。「ずい膜炎」はそれほどあるものではないからです。

もし、近くで流行しているとか、首すじが固くなっているという理由で疑いが持たれた場合には、病院では入院をすすめ、背骨に針を刺して調べようとするでしょう。そうやって脳脊髄液が細菌による変化を示しているかどうかを確かめるのです。でも、ほとんどは細菌が証明されず、「ずい膜炎」としてもウィルスによるものといわれるでしょう。それならまず心配はなく、たいてい四、五日もするうち自然に治ってしまいます。特別な治療もないので、麻痺でもおこしていないかぎり、入院している必要はありません。このことを知っており、診断に自信のある医者は、検査でいじめるより家での懇切な看病をすすめるでしょう。そのときは、悪化する気配がないかぎり、右往左往しないほうが赤ちゃんのためになります。

おむつをとる

おむつをとるのは悲喜こもごも。とても「排泄のしつけ」なんていう格好いい調子にはゆくはずがありません。ある人は懸命にやってもうまくできず、あきらめたらとたんに教えるようになったとか、他の人はのんきにかまえていたけれど、隣の子がとれたので急に心配になったとか——。いうことを聞かないのにいらだち、ひっぱたいて自己嫌悪に陥ったり、せっかく成功して大喜びしていたら思いがけず部屋の真ん中でジャー、腹が立つやらおかしいやら——。それをまた夫婦して、たがいの育てかたや遺伝のせいにしたり、たいがいは、まあ、そんな他愛のない騒々しさの中で、どうにかなってしまうもののようです。

もちろん、おむつがとれるのには、排泄をコントロールする神経や筋肉の発達と、トイレを理解し親に便意を告げる知的能力の発達が不可欠ではあります。しかし、これらも、ほかならぬ生身の暮らしを媒介として、時間をかけてはぐくまれてゆくのです。親と子の日常は、生活である以上雑然としていますし、人間のさまざまな情念が入り乱れ交錯もします。

そうした中で、赤ちゃんはひそかに親の期待を感得し、それへの反発や無視を試みながらも心底では応ずることに満足を覚え、自分の意志で世のしきたりに参加する誇りのようなものを抱き始めているにちがいありません。そうした情動がなければ、「発達した能力」を発揮するはずがないでしょう。

ですから、おむつをとるのは理知的にかまえるよりも、親と子の心が触れ合う接点として自覚するほうがよいと思います。少々でたらめがあっても、便意を告げることへの抵抗とトイレへの嫌悪感を固定しさえしなければ大丈夫。そのためにはいやがるとき、しくじったときに、しつこくこだわらないようにするのが大切。だれでもおむつは早くとりたいですから、大いに奮闘したってよいのですが、そこになにがしかの余裕とユーモアがほしいのです。

排泄のしかたは文化の様式ですから、それになじむよう、親やきょうだいのトイレを見せ、もらしたら「あーあ」となげき、生活の区切り、たとえば食事の前後や昼寝から覚めたときなどに便器の所へ連れていくのもよいでしょう。二歳前後の夏に、いきなりパンツだけにしてしまうのも一法。いくらおくれても、やがてはとれることを信じていてほしいのです。

肌の手入れ

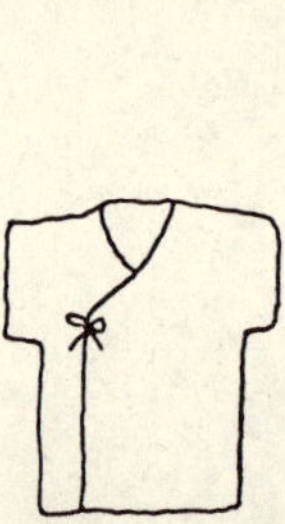

赤ちゃんはひと一倍汗をかき、垢《あか》もたまりやすいし、肌がデリケートなので、その手入れはいつも念入りにやっておく必要があります。皮膚の状態は、意外にきげんや元気に影響するものです。赤ちゃんも心をこめて手入れされれば、それこそ「肌を通して」情愛を身にしみこませることになるでしょう。

とすれば、たかだか皮膚のことといって、軽視はできませんし、「垢では死なない」などと無精なことはいっていられなくなります。

たとえ病気のときでも、むしろ病気のときこそ、肌の手入れは細心に工夫されなければなりません。鼻水やせきは、入浴させたほうが軽くなることが多く、熱でさえも下がる傾向があるということは、知っておいてよい事実です。ただし熱の場合は、湯舟につけず、さっとかけ湯で洗うだけに、それもぬるめの湯にするのが無難ではありますが――。

皮膚そのものの病気ともなれば、ごく一部の例外を除いて、入浴は積極的にすべきだと思います。「アトピー性湿疹」（一五四ページ）といわれる状態でも、石けんを使ってよく洗ってみてください。その結果、悪化することさえなければ、大丈夫なのです。おそらく、ほとんどの子が、かえって快方に向かうことでしょう。頭の「くさ」、顔の黄味を帯びた赤いブツブツは「脂漏性湿疹《しろうせいしっしん》」、ニキビと同じようなものなので石けんでよく洗って、ひどければ医者から薬を。

主に虫さされが原因といわれるストロフルスも、石けんをきらうものではありません。清潔にしておいたほうが、ひどくならずにすむくらいです。あまりはれやかゆみが強ければ、なにかで冷やしてやるとよいでしょう。

「とびひ」は細菌が皮膚の表面でうつってゆくので、それを洗い落とすのがなにより。そのうえで化膿止めの薬をぬれば、かんたんに治るはずです。

「おむつかぶれ」の大半は、尿、便、洗剤が原因ですから、これも丹念に洗ってやることがいちばん。ステロイド入りの軟膏を使っても良くならないなら、カンジダというかびが原因かもしれません。そうなら、それ専用の薬でかんたんに治せます。

夏の風物詩「あせも」は、赤ちゃんではまず避けられません。ひどくさせないコツは極力涼しくするほかに、かいた汗を流すための行水を日に何回でも。髪を短く刈り上げ、ベッドにタオルを敷くのもよいこと。「あせものより」ができたら、髪を坊主に近くして洗いを十分に、ひどい時は医者の手当ても必要です。

肌の手入れの盲点は、首、耳の後ろ、わきの下、股《また》のつけねなど。とにかく「しわ」の多いところを入念に洗ってください。

病気と入浴

赤ちゃんが病気のときおふろに入れてよいかどうかは親にとっては大きな問題なのですが、残念ながら、そういう暮らしにまつわることを研究する学者はほとんどいません。そのうえ、近代医学の治療思想は安静第一主義なので、医者たちは「ことなかれ」もあって、とにかく病気とあらば入浴を制限するのが習性になっているようです。

そういうところに、ありがたいことに、日赤乳児院で赤ちゃんの病気と入浴に関する詳細な研究をしてくれました。それによると、赤ちゃん特有の「ぜろぜろ」は入浴後七〇パーセントくらい良くなり、「かぜ」の場合、高熱は別としてちょっとした熱なら入浴の翌日には八〇パーセント近くが下熱、鼻づまりは同じく七〇パーセント以上、せきは約半数が無くなってしまうそうです。鼻みずは四〇パーセントであまり良くならないが、入浴で悪化した子はなかったといいます。皮膚病については、最近の皮膚科学界で、「ただれ」「赤むけ」のひどい場合を除いて、入浴させたほうが良いという意見が強くなっているようです。石けんも使ってみて悪くならないのであれば、認める皮膚科医が増えてきた感じ。すくなくも、なん日も垢まみれにさせておくようなことは減っています。

とすれば、おふろについては、いままであまり制限しすぎていたといえるでしょう。アメリカなどは、高熱の子やひきつけた子をぬるい湯につけるといいますし、そこら辺には身体感覚のちがいとか風習、生活様式の差もからんでいるのかもしれません。いずれにしても、これまでの医者の指示が絶対ではなさそうなので、入浴させたければ、大丈夫と思われるかぎり、慎重に試してみてください。日本人の感覚としてひきつけている子や、高熱でぐったりしている子は入れられませんが、まあまあ元気のある子なら、そんなに悪化することはないでしょう。もちろん体質や病気の性質にもよるので、結果によって判断する力をつけてほしいと思います。

皮膚病と薬

肌はきれいにこしたことはありませんが、いつも玉の肌を望むのはどんなものでしょう。あまり大事にしすぎて、ちょっとした変化でもすぐ薬を使っていたら、皮膚が鍛えられず薬への依存も生じてしまうかもしれません。皮膚病があってもひどくなく、当の赤ちゃんが痛くもかゆくもなさそうなら、なるべく薬なしで治すこと。少々かゆいようでも、「あせも」とか虫さされくらいは自然の反応、いちいち薬を塗るまでもないでしょう。

しかし、ぐずったり夜泣きするほどになったら、薬の助けも必要。ホルモン剤も適正に使えば、皮膚からの吸収はまず問題外ですが、使ってみてあまりにつるっとなるとかおかしなことが起きたら、変えてもらうべきでしょう。包帯のぐるぐる巻きで長期間の入浴禁止は、どんなものかと思います。

「アトピー」のこと

「アトピー」といわれても、かならずしも確かとは限りません。また、最近の研究では「アトピー」のある子が直ちにアレルギー体質とか、喘息になりやすいとはいいがたいという説が出てきています。取り越し苦労しないで、衣類に化学繊維のものを避け、食べものは画一的に卵や牛乳を制限するのではなく、与えたら明らかに悪化するものだけしばらく敬遠するだけでよいでしょう（一九六ページ）。

海と山

赤ちゃんをかかえた今こそ、海や山など自然に触れに行きたいもの。親のほうが遊びたくて勝手に子どもをまきぞえにすることは控えねばなりませんが、一家でなじめるところに出かけられたら、どんなにか心がなごむことでしょう。

赤ちゃんを抱いてなぎさに立ち、潮風に吹かれながら、白く泡立つ波、果てしなく広がる海原を眺めていれば、人間の頼りなさとともに悠久の生命のようなものを覚えるにちがいありません。そこには、きっと赤ちゃんのいなかったときとは違った感懐があるでしょう。

山の冷気、草木の香り、遠くに見る紫色の峰々も、日ごろ忘れている自然と、その中に生きて子どもを産みはぐくんでゆく人間存在をしみじみと思い起こさせてくれる

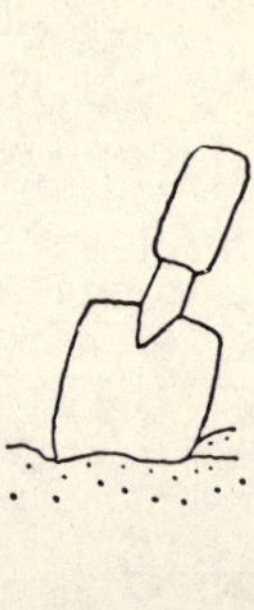

はずです。赤ちゃんといっしょに手にする川の水、足元の砂なども和やかに親子を包んでくれることでしょう。

こうした恵みにひたりたいならば、無理のないゆったりした旅でなければならないのはいうまでもありません。赤ちゃんは強烈な刺激にいきなりさらされたら、心身ともに危機に陥ります。とくに夏の海辺の熱気と紫外線量は相当なものですから、それが少ない朝のうちか日暮れ近くを選んで砂浜に出るのが無難。真昼に出るのなら、パラソル、つば広の帽子など日よけがぜったいに必要。

いずれにしても、二十分くらいを限度にしたほうがよさそうです。水につけるのはほんのちょっと、すぐシャワーを浴びて涼しい場所で休ませてください。丈夫にしようと肌を焼くのは、赤ちゃんのうちは禁物です。

山は朝夕の冷えと虫さされが問題でしょう。あまり高くない山で、余分の寝具と蚊帳あるいは防虫剤を用意する必要があります。

夏の旅は道中がたいへんで、赤ちゃんは暑さに弱いですから、適度にエアコンが効いてすいた乗り物にすること。車ではクーラーのかけすぎ、空気の汚れに気をつけ、授乳やおむつ交換のときは停車するのが安全でしょう。クルマの中に赤ちゃんだけ残すのは、非常に危険です。

慣れない風土に接した赤ちゃんはなにかと体をこわしやすいので、その点の注意も。赤ちゃんを連れての遠出には、さっぱりした水分と十分の着換え、保険証のほか、かかりつけの医者から必要とあれば薬をもらっていくといいでしょう。三カ月未満の子は、残念ながら連れてはいけません。

暑さしのぎ

光る空に入道雲がわき立って朝からセミの声が聞かれるようになると、夏も本格的。赤ちゃんの世話はなにかと手がかかり、息が切れやすいことでしょう。

この季節は気ぜわしくしないこと、たとえ避暑地にいけなくても、仕事から離れたようなのんびりした気分になってしまうのがいちばんだと思います。日盛りには赤ちゃんといっしょに昼寝にかまけ、暮れかかったら夕涼みに出かける——そんな感じで、洗いものなど後回しにするくらいの型破りがないと、暑さには抵抗できそうもありません。この時期ならではの夕映え、夜にわたる涼風のさわやかさは、ぎしぎしがちな生活の心をきれいに洗ってくれるでしょう。ずぼらの償いは、朝、早めに起きて片付けをすませ、空気の澄んでいるうちに散歩でもすることで、身も引き締まり、十分

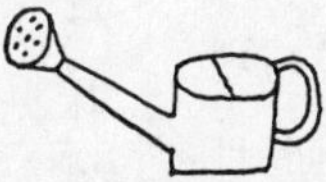

に果たすことができるはずです。

赤ちゃんへの心遣いといえば、とにかく涼しさを。「寝冷え」はかぜの原因にはなりませんから、大胆に涼しくしてください。おとながじっとり汗ばむときには、赤ちゃんはガーゼ地の肌着だけでフトンはなくても大丈夫。明け方など、おとなが冷えを感じるようなら、赤ちゃんにはタオルケット、夏がけなどを。

クーラーは、風のよく入る家ではなるべく使わないでください。強い風で息がつまらないようにレースやすだれなど工夫しながら、この天然クーラーを利用しない法はありません。風通しの悪い照りつける住まいでも、二五、六度くらいまでなら、ウチワであおいだり、扇風機を「弱」で首振りにかけるだけで、なんとかしのげるのではないでしょうか。この温度をこえて、流れるような汗で、赤ちゃんもむずがり、ぐったりしてきたら、戸外に避難するか、クーラーがあれば使うのもやむをえません。もし使うときには、外気との温度差はおよそ五度以内で、二五度より低くしないこと、二時間に一回くらいの換気が必要です。クーラーの部屋に閉じこもりきりでは、体がなまりますし、せっかくの夏を味わえないので、つとめて外に出るように。

汗は気がついたらぬぐい、肌着も取り換えてやりたいのですが、夜中まで無理に世話するほどのことはありません。それより起きているとき、行水かシャワーをなん回も。

ミルクの飲みが減るのは普通ですが、すこし薄めに、冷たくしてみては。離乳食もさっぱりと、少量で栄養価の高いものを。そして、くれぐれも水分が不足しないようにしてください。

ひきつけ

平穏な暮らしを突然破る恐怖に「ひきつけ」があります。その可能性は一〇人に一人近くで、そう珍しいこととはいえません。これに襲われると、だれしも動転しがちですから、その際の心がまえと知識は平常から備えておいたほうがよいと思います。「ひきつけ」が起きると、赤ちゃんは急に体をこわばらせ、手足を突っぱったりガクンガクンとけいれんさせ始めます。顔つきもおかしく、白目をむき、唇の色が青ざめています。意識は失われ、いくら呼んでもこたえません。いまにも死んでしまいそう。こんなときこそ、親は度胸を問われます。幸いに「ひきつけ」は、ほとんど五分か一〇分以内におさまってしまいますから、まずは腰をすえること。そっとフトンの上に寝かせ、衣服の前をはだけ、おむつもはずして、じっと見守っていてください。気

が落ち着かなければ、手をにぎってあげていたら――。強く押さえたり、ゆさぶったりすると、余計な刺激になって「ひきつけ」を長引かすことになりかねません。

医者への連絡はおさまってからでけっこう。口に割りばしなどを突っ込むのは、赤ちゃんでは舌をかむことはまずないので必要ありません。それどころか、固いものを突っ込むとかえって傷をつけるかもしれないし、無理にこじ開けようとすれば「ひきつけ」を悪化させる恐れさえあります。タオルのような柔らかいものでも、奥深く入れると吐き気を誘ったり、窒息させてしまう危険があるので禁物。浣腸も効果が疑問で、積極的にすすめられません。

　そんなことより、熱があるなら、風通しをよくし、ウチワなどで静かにあおいで涼しくしてやるほうが効果的。冷たいタオルをそおっと額に置くのもいいでしょう。もし吐きそうな様子が見えたら、すぐ顔を横に向け、頭をわずか後ろにのけぞらせて、吐物がのどにつまらないように気をつけてください。

「ひきつけ」の大半は熱のせいで、たちは悪くありません。その熱もほとんどが「かぜ」のたぐいで、元の病気が脳炎のようなものでないかぎり、後遺症の心配もいりません。ただ、二〇分以上もおさまらないときには、直ちに医者の手当てを受けねばなりませんが――。

脳波やＣＴなどの検査は、急ぐことはありません。六カ月未満の子とか、それ以上の子なら、三、四回も「ひきつけ」を起こしたとか、熱がないのにひきつけたとか、知恵づきが極端におそいといった場合だけ調べてもらえばよいでしょう。その結果異常がなければ、まずは成長とともに起きなくなるはず。異常を指摘されても、育てかたを萎縮させないよう。今ではかなり治せますし、脳波だけで人間のすべては決まりません。

泣き入りひきつけ（憤怒けいれん）

お誕生日近い赤ちゃんが怒って激しく泣いたとき、突然、息をつまらせ、のけぞるようにしたかと思うと目をむいて唇が紫色に変わることがあります。びっくりさせられますが、ものの三〇秒か一分もしないうちに気がついて元にもどりますから落ち着いて――。激しくゆすったり背中をたたいたりは禁物、抱いている場合は落ちやすいのでしっかり支え、転がっていればそのまま手でも握ってやってください。これは病気ではないので医者に診せることもありません。恐れてはれものにさわるようにしないで、のんびり育てるように。ただ、あまりしょっちゅう起こすようなら一度調べてもらうと安心でしょう。

熱でひきつけやすい子

ひきつけの大半は単に熱のために起きる「熱性けいれん」で六カ月以降から始まりますが、たいてい四、五歳までにはしだいになくなっていきます。そのために脳がおかされることもないので、大切にしすぎず普通に育ててください。ただ、かぜ気味とかきげんの悪いときには熱に気をつけ、赤ちゃんのようすに注意を向けている必要はあります。「熱性けいれん」はかならずしも熱が高いときに出るのでなく、多くは熱が出だす前後に起きるもの。ひきつけやすい子は、あらかじめ医者に「けいれん止め」と解熱剤をもらっておき、気配を感じたりひきつけたときに用いるのがよいでしょう。飲み薬より座薬のほうが便利かもしれません。熱があったら、とにかく涼しくして、冷たい水分を十分に。

医者にかかるとき、保育園に預けるときには、ひきつけのくせのあることはかならず告げておくこと。予防接種は「はしか」のようにかえってやっておいたほうがいいもの、小児まひのように関係ないもの、百日せきのように要注意のものなどさまざまなので、受ける際にきちんと確かめてからにしてください。

てんかん

「泣き入りひきつけ」でなくて熱がないのにひきつけたとか、熱は出たけれど一回が長かったり（およそ二〇分以上）、あまりしばしば（三、四回以上）ひきつけるようだと「てんかん」の疑いが持たれます。病院で脳波とかCTなどの検査を受けることをすすめますが、「熱性けいれん」の直後は診断がくるいやすいので一〇日以上たってからがいいといわれます。その結果「てんかん」と診断されても、しょげこまないで。機器を使うと正確なように思いがちですが、実はボーダーラインになると断定がむつかしく、医者による解釈のちがいもでてきます。確かに「てんかん」としても多くは薬で「けいれん発作」は抑えられるし、早く治療を始めれば七〇、八〇パーセントは治るといわれています。たとえ抑えられなくても、それが悪いとは一概に決めつけられぬ事情もあります。なにより大切なのは、親が罪の意識を持ったりおろおろしないこと。薬を飲んでいるあいだは濃度と副作用のチェックのため血液検査を欠かさず、なにか変なことがあったらすぐ医者に告げねばなりません。

「点頭けいれん」は原因が多様なので治りかたもさまざまですが、三、四カ月以降の子が突然「おじぎ」するように首をがくんとさせ両手を「ばんざい」する仕草をみせたり、目をつり上げて、一瞬意識を失うようなことがあれば、かならず早く検査を受ける必要があります。

飲みが減る

　あるころから、母乳やミルクの飲み方が急に減りだすことがあります。いままでたっぷり飲んでいたのに勢いがなくなり、見向きもしなくなったりすると、親としては焦らざるをえません。「親心」というのは、常に順調に育つことを期待しますから、こうした事態はがまんしにくいでしょう。

　ですが、この際の問題は、その育つ、育ちかたのところにあるようです。病気は別として、飲みが減ったのは、たいてい、赤ちゃんの成長のしかたに変化がおきているのです。これまでぐんぐんふとって、体重もひと並み以上といった子の場合は、ここで小休止。このままのペースで飲みつづけると巨人になってしまうので、いわば「自動調節」を働かせているわけ。それなのに「親心」を押しつけて無理強いすると、本

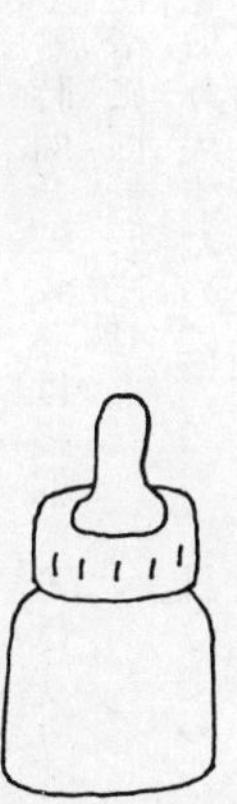

当の「乳ぎらい」になってしまう恐れがあります。

離乳食がすすむころになると、母乳やミルクよりも、ほかの食品の味のほうが良くなって、飲むのをきらう子もでてきます。たくさん食べるようなら、思いきって離乳をすすめたらいいでしょう。食べる量が少なく不安があったら、牛乳を与えてみるのも一法。砂糖は加えないで、初めは三分の二の濃さから、一、二カ月もしたら薄めずに。オレンジのエッセンスを落とすとよく飲むかもしれません。哺乳瓶を嫌えば、スプーンやコップなどで。調理に牛乳をふんだんに使うのもよいことです。

六、七カ月を過ぎた赤ちゃんは、「遊び」がさかんになってきます。おっぱいを飲みながら、周囲のことに気を取られるし、飲むよりもいたずらのほうに興味を示すかもしれません。

それはそれで、うれしい成長を物語るものです。テレビなど、授乳時にあまり気を散らす刺激は避けるとしても、栄養より行動の広がりを喜んでやってください。

環境の調整としては、とにかく気分を快いように。ベッドに寝かせていることが多ければ、なるべく出して動き回ったり、遊んでやる時間を。栄養は摂取するばかりでなく、一方で消費することも盛んでなければ、円滑に回転しません。

旅行とか来客で習慣を乱されたときは、日常を取り戻すために、二、三日はぐっと落ち着いた生活を。食欲は状況に応じて動揺するのを防げませんが、早く回復させないと体調をくずす恐れがあります。

むし暑い日のつづく夏には、ミルクを冷たくしたり、牛乳にかえたり、ジュース、むぎ茶、ヨーグルトなどで消耗を防ぐ工夫をしてください。

「飲まなくなる」原因

本文にあげたほかに、二、三カ月の混合栄養の子では、母乳の出が知らぬ間によくなっていることがあります。母乳の出かたは自分では案外わからぬものなので、いちおう体重を測ってちゃんと増えていれば、ミルクの量が減っても心配しないでください。母乳だけの場合でも、一回に飲む量が増えれば、回数が減ることがありうるでしょう。

三、四カ月になると、持って生まれた性分も現れてきて、小食を堅持しだす子がいます。小食でも肥立ちのいい子もいれば、小食なりに「やせ型」の子もいますが、発育が普通の範囲（一二五ページ）内なら、その性分を尊重してやりたいものです。もっとも、赤ちゃん時代の小食が一生つづくともかぎらず、大きくなると大食にさえなるかもしれません。

飲んだり飲まなかったり「むら」が出てくるのも三、四カ月以降ではよくあること。そのときどきの腹具合があるのに、機械的な時間決めで飲まされたら、そうなるのは当然でしょう。赤ちゃんはおとなのように付き合いや都合で飲んだりはしてくれません。それを無理に飲ませようとかかると、本当に飲まなくなってしまう恐れがあります。

この月齢になると起きているあいだはわずかしか飲まず、うとうと眠りかけたときにふくませるとわりに飲んでくれる子が増えます。ほんとうはそんなにまでして飲ませることはなく、むしろ徹底してお腹を空かしたほうが目覚めているときに飲むようになるはず。でも、このやりかたをつづけていても、どうということなく成長し、離乳に入っていけるのも事実と認めざるをえません。

どこからくるの　抄

タゴール
森本達雄訳

赤ちゃんの手足にかぐおう　あまい　やわらかな　みずみずしさ――いったいそれがそんなにも長く　どこに秘められていたのか、誰か知っているかね。そうです、母《かあ》さんが　まだうら若い乙女だったころ、それは　やさしい　無言の愛の神秘《ひめごと》のうちに母さんの胸いっぱいにひろがっていたのです――赤ちゃんの手足にかぐおう　あまいやわらかな　みずみずしさは。

『タゴール著作集第一巻　詩集Ⅰ』（第三文明社刊）より

育児疲れ

家に手のかかる人をかかえるというのは、容易なことではありません。面倒をみるだけでも大変なのに、こちらのしたいことが拘束されるし、思わぬトラブルにもしょっちゅう見舞われます。

赤ちゃんの場合、それでも、自ら産んだことの責任と先行きへの希望が、そうした苦労を乗り越えやすくしてくれるにちがいありません。たいがいの親が疲れを感じ、いらだちを覚えながらも、とにかく心の張りと幸せを失わずにやっていけるのは、そのためだと思います。

もし、耐えがたいほどの心身の破綻をきたしたなら、産んだこと自体、そしてそれをもたらした男と女の関係、その二人をとりまく状況、さらにわが子への期待と当の赤ちゃん自身とのギャップが、問題にされなければならぬでしょう。いわゆる「育児疲れ」には、産後の生理の変調、現実の過労といった身体的条件が影響しますが、それにしても、その背景には、こうした人生上の困難や葛藤がひそんでいるはずです。

幸いに産んだことに喜びがあり、夫婦間で愛が確かめられているのなら、まずは子どもへの態度を考え直してみてください。いらだつ思いは、もしかすると、わが子を支配し切ろうとし、それが果たせない失望感に根ざしているのかもしれません。そうだとすれば、気持ちを、逆に、赤ちゃんに従うよう切り替えるのが賢明かと思います。とくによく泣き動く「手のかかる子」を持った親は、早くそういう子として受け入れてしまったほうが楽そうです。

気負いの強い性分のひとは、夫婦で心を静め合ったり、先輩や友人の経験を聞いてみるのもよいでしょう。育児記事や医者などの「指導」も、そっくりそのまま守れなければ、参考か努力目標くらいに受け取ってかまいません。

子どもへの愛情に迷いがあったり、夫婦間に不満が潜在していたりするときには、とにかく、それを吐き出してみたら。二人だけで了解できなければ、第三者に打ち明けるのもいいでしょう。孤独を内向させ、赤ちゃんの存在そのものにこだわりをつのらせるのは、落ち込みを増すばかりだと思います。

どんな場合でも、なんとか睡眠不足を取りもどすこと、好きな気晴らしをすることが必要です。いっときでも、まったく赤ちゃんから離れる機会がもてれば、かなり回復できそうです。

産後の憂鬱

　ひとによって、出産直後にいい知れぬブルーな気分にとらわれることがあるようです。家族関係や生活上にとくに思い当たる問題がなければ、主として出産による生理の変化が原因かと思われます。それに生まれたばかりの赤ちゃんとのあいだがうまくフィットしないいらだちもあるかもしれません。そうとすれば一、二カ月のうちには脱することができるはず。あまり気分を追いつめないで、思い切って赤ちゃんから逃げるか、ぱあっと発散してしまう機会を持ったほうがよさそうです。幸いにちょっとのあいだでも代わって世話してくれる人がいれば、遠慮せずに預けて、ぐっすり眠るか、ぼおっとする、音楽や映画など楽しむ、小旅行に出かけるなどすると、ずいぶん気が晴れ元気も湧いてくるようです。それもかなわぬ状況なら、うんと手抜きをすること。赤ちゃんといっしょに昼寝したり、おむつ交換も最小限にする。家事もずぼらを決めこんで、少々洗いものがたまり散らかっていても気にしない。あまりに疲労感が強く夜も眠れないほどなら、医者に相談して薬の助けを借りることがあってもいいでしょう。

　でも、こういうやりかたは、どうしても夫をはじめ家族とのあいだにトラブルを生じかねません。現実に生じなくても、妻のほうで気を遣わざるをえないでしょう。性格にもよりますが、ここはけろっと押し通してしまうのがよさそう。そこで重要になるのが夫の確保。彼には窮状を訴えて赤ちゃんの世話と家事を分担してもらい、少々の不快はがまんしてもらうこと。母としての赤ちゃんへの手抜きは、父親で十分カバーできるし、ブルーな期間は赤ちゃんとの交情が狂おしく模索されているわけですから、それを過ぎればかえっていとしさが強くなると期待していいと思います。

子がかわいくない

どんなに子どもをかわいがって育てているひとでも、ときにはいやになり、ふっと憎しみを感じることがあるのではないでしょうか。なにしろ、子どもは親を束縛するし、いつも思うとおりに従ってはくれないからです。自分自身のいやなところが受けつがれていたり、夫婦がたがいの欠点を子に見たりすると、わが子だからこそうとましくもなるでしょう。生来子どもが好きでないというひともいるし、男と女のどちらかが欲しいのに異なった子が生まれてしまったときに、かわいがれないということもあるようです。そもそも男女共に相手に憎悪があれば、子への愛が妨げられることは十分にありうるでしょう。

これらはまったく了解可能の感覚で、親として失格などとはとうていいえません。かわいくない気持ちに圧倒されているときには、粉飾しないで、他人にも打ち明けてしまったほうが楽になると思います。そうすれば、案外、心の奥にかくれていた本当のところが見えてくるかもしれません。実は自分が赤ちゃんのように甘えていたかったり、夫または妻への羨望があったりするのなら、それを満たそうとすればよい。自分では気づかなくても疲れていることは多いもの。泣き声とかうんことか些細なことにいらだっているときも含めて休むのがいちばん。子をなした相手との葛藤は、赤ちゃんとしては知るよしもないので、切り離して接してやるのが親としての務めではないかと思います。

保育園

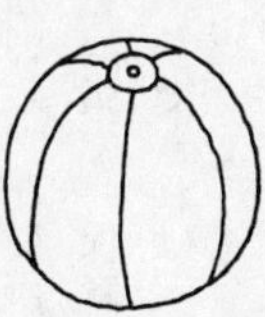

保育園に預ける場合、親と子の間柄は一気に変化を迫られることでしょう。
仕事に向かうおとなと園で過ごす赤ちゃんとは、もはや「親子」という縦のつながりをこえて、ひとつの共同生活者になっているはず。「行ってくるからね、おりこうにしててよ」といった気持ちは、保護者というより、頼りにした仲間に対するものに近いのではないでしょうか。
親子の関係がそういうものになっていれば、愛情に飢えるとか、将来「非行になる」などの余地は残さないと思います。もし赤ちゃんの心に危機をもたらすことがあるとすれば、それは赤ちゃんをペットのように私物化した場合でしょう。このときには、親の都合だけで預けてしまい、子どもの人格への配慮が抜け落ちているからです。

園とのかかわりにおいても、同様の事情が大いに考えられなければなりません。親は預けるだけ、園は預かるだけでは、子どもはまるで物品のよう。赤ちゃんは、その冷たいはざまで心を痛めてしまいそうです。だいいち、両者が協力し合えていないと、生命すら危険にさらされます。

前夜の病気を全くふせて登園させたり、保育中のけがを内証にして帰したりしたために起きた事故は、それが防ぎうるものだけにやりきれません。この点で、たがいがなんでもいえる関係になることが不可欠だと思います。

育児の理念とか、食事や衣服など、こまかい世話のしかたで食い違いがあっても、それ自体はまあ大したことにならぬでしょうが、その間に、批判やそれを聞く耳を欠いた場合には、ひとりよがりが高じて、赤ちゃんをつらい目に追い込まないともかぎりません。このごろは、病気の扱いや「発達」のさせかたについて一方的に指示する園が増えているので、親のほうも頑張って意見をいう必要があります。

親同士が、新米も先輩もいっしょになってグループをつくれば、心強いし、なにかのときの助けにもなるかと思います。どうしても休まなければならない病気や、保育士さんたちのストのときなど、夫婦だけでなく仲間とのあいだでやりくりできれば、犠牲は少なくできるのでは――。

親の仕事と保育の時間とのずれは、本質的に労働問題です。まずは、その面から立ち向かってください。要領のよい、あるいはお金だけの「お願いします」では、自分の労働への問いかけはないし、わが子への責任を果たしえないことになるでしょう。

園とのつきあいかた

預かってもらえるだけでありがたい、預かってくれるのが当り前という気分で通すのはどんなものでしょうか。送り迎えの時刻をルーズにしたり、衣類、連絡帳など必要最小限のものまできちんとしないのでは、保育士さんにすまないですし、園とのいい関係はできそうにありません。もしこちらにも言い分があるのなら、あいまいなままにしておかず、折にふれ、あるいは問題によっては正面切って意見をいうべきでしょう。園と親とでは立場がちがうのでむずかしいかもしれませんが、一歩踏みこんだほうが、たがいに気づかぬことが見え、信頼関係も深められるのでは。感情的な対立は、日頃から勝手をしていないこと、保育士さんと親しくしていることで、かなり避けられそうです。もっとも、場合によっては、感情まで含めてとことんやり合うことを回避してはならぬと思いますが——。そうでないと、どうしても園の側の強い立場がまかり通ってしまいがちです。

病気のとき

病気のとき休ませるかどうかは、医学的見地だけでは決められません。ここには親の労働と生活、保育の条件と内容などがからみ合っていますから、すべてをにらんで、子どもにとっていちばんいい方法を取るようにしてほしい。このごろ医者の診断書で決定することが増えているようですが、それは園の責任逃れと保育への医者の支配を強化するだけ。熱が三七度以上は預からないとか伝染病はうつらなくなるまで休ませるとかいった取り決めも、「科学的」には見えますが、かならずしも根拠のないこと。そんなやりかたをしゃくし定規にしていると、親の生活が成り立たなくなったり保育の計画が乱されて、結局は赤ちゃんを損ねてしまいそうな気がしてなりません。追いつめられてラッシュの電車で遠くの親戚まで連れていく、満員のベビーホテルに突っ込んで出かけるといったことがどれだけ危険なことか。前夜熱があったのに薬で下げ、口を拭って預けたために日照りのプールでひきつけたなどはなんとも辛い。

やっぱり親は子どもの状態について包み隠さず話し、事情によっては保育を頼む勇気を持たなければならぬと思います。その代わり保育士さんが大変で親がなんとかなるときには休むことと、預かってくれたなら悪化したときすぐに迎えにいける態勢は取っておくこと。

医学的見地からは、赤ちゃんの病状は熱の有無、高低だけでは判断できません。それよりも「全身状態」といって元気ときげんのぐあい、顔つき、乳の飲みっぷりのほうが病気の程度をよく反映するのです。鼻みずとかせき、下痢なども含めて、全身状態が良ければ、すくなくも預かれない事態ではない。ただ赤ちゃんは経過が速いので、悪化する方に向かったら早く帰さなければなりません。ひきつけやすいとか肺炎になりやすいといった「くせ」のある子、心臓病のような持病を持った子も慎重にすべきでしょう。

伝染病は、いくら休ませても防ぎきることはまず不可能。おたふくかぜは腫れが目立たなくなるまで、水ぼうそうはカサブタになるまでで上等。手足口病、リンゴ病、風疹はきげんがよければ休ませる必要さえほんとうはないのです。ただ、はしか、インフルエンザ、百日せきは大敵、十分警戒してください。

ぜろぜろ

まるでネコみたいに、赤ちゃんが胸元を「ぜろぜろ」と鳴らすことがあります。聞いていて苦しそうだし、お年寄りがいればひどく心配するでしょう。

こういうときには、とにかく、赤ちゃんのきげんと乳の飲みっぷりをみてください。それらが悪くないのなら、少なくとも急を要する事態ではありません。あわてて医者にかけこまず、いつもと同じ生活をさせていて大丈夫。

そうしているうち、もし、ぐずりだし、乳の飲み方も減って、熱がでたり、せきこんだりするようなことが起きれば、かぜとか気管支炎のような病気になっていたのです。でも、こうなってから医者にかかっても、決して遅すぎはしないと思います。かえって、早くかかりすぎて「小児ぜんそく」と間違えられ、作用の強い薬を飲まされ

たり、要らぬ心労と生活制限を受けたりしたら、つまらぬことです。

「ぜんそく」は、赤ちゃんではまずないし、あってもせめて七、八カ月以降、初めからあえぐように胸を上下させ、乳を吸うどころか眠ることもままならぬ状態になるはず。胸の音も「ぜろぜろ」より「ひゅうひゅう」とか「ぜいぜい」という強い音がして苦しく、とても遊ぶような元気はありません。

このほか、注意しなければならぬ「ひゅうひゅう」に、豆とかおもちゃのかけらなどを気管の中につまらせている場合がありますが、飲み込んだとき、むせるようにせきこむし、その後も頑固なせきが続くので、それと知れるはずです。

こういったことさえなければ、赤ちゃんの「ぜろぜろ」は、病気あつかいする必要はありません。そのほとんどは、鼻水やたんの多いたちで、それを出し切ってしまう呼吸器の力が未熟なためなのでしょう。ですから、成長とともに、たいがいお誕生日までには目立たなくなってしまいます。

そうとすれば、日常はまったくふつうでいいわけ。季節の移りめや気象の変化の激しいとき、多少ひどくなる傾向がありますが、天気の安定とともに落ち着くでしょう。薄着にして皮膚を鍛え、戸外で運動を十分させてください。おふろも水遊びも平気、夜の寝相も気にすることはありません。せいぜい寝苦しそうなときだけ、鼻水をとってやり、抱いたり、うつぶせにしたりすると楽になるかもしれません。かぜをひいたときに「ぜろぜろ」が、せきとともにひどくなりがちですが、熱が引き、元気になり、夜眠れるくらいになったら、薬は止めたほうがよいと思います。

鼻づまり

幼い赤ちゃんには鼻水、鼻づまりはつきもののようなもの。鼻が狭いうえに粘膜が敏感なので、ちょっとした気温の変化やウィルスの感染などですぐ腫れたり粘液が出やすいのです。すべてがかぜとは限りませんし、きげんさえよければ放っておいていい。おふろも外出もいつもの通りでかまいません。

しかし、乳が飲みにくく、寝苦しくて泣くようになったら、なんとかしてあげて。口で吸ってやるか、綿棒か鼻取り器で取ってやり、寒い季節なら室内の温度と湿度を上げ、就寝前に入浴させるのがよいでしょう。それでも苦しければ、医者に作用の強くない点鼻薬をもらってさすと効くはず、飲み薬よりいいと思います。

同時に熱が出たりせきこみがひどくなったら、医者にかかってください。でも、鼻みずだけくらいになりきげんも直ったら、あまり長く通うのは考えもの。ほかの病気をうつされる恐れもあります。

「アレルギー性鼻炎」というのは赤ちゃんには少ないし、この病名が使われすぎているきらいもあるので、「異常体質」と速断しないでいいでしょう。

よくかぜをひく

まず、その全部がほんとうの「かぜ」かどうか。赤ちゃんでは生理現象として鼻みず、鼻づまり、せき、ぜろぜろなどが多いのです。体温も子どもによっては三七度二、三分くらいになることは珍しくありません。

本式のかぜとして、ひきやすい子とそうでない子がいるのは確かです。でも、赤ちゃん時代にひきやすかった子が一生病弱ともかぎらない。上の子がいると早くからよくかぜをひくし、保育園に入れれば立て続けのようにかぜをひくのはやむをえません。かぜはウィルスか細菌が原因なので、丈夫な子でもうつされる機会が多ければひいてしまうのです。

そういうときには悲しくなるでしょうが、親の責任でもないので、めげずに頑張ってください。普通のことをしていれば育てかたが悪いとはいえず、薄着も原因にはなりません。夫婦して、たがいの遺伝のせいにするなどは罪な話。また、このことで共働きを非難するのは筋がちがうし飛躍がありすぎます。それに赤ちゃんのときよく病気をした子は、一歳半とか二歳くらいになると病気が減る傾向のあることも事実です。

実は、赤ちゃんは、かぜをひきながら自分で免疫をつくり丈夫になってゆくわけ。胎内にいるとき母親からもらった免疫は三、四カ月でほとんどなくなってしまいますから、それ以後は病原体にお目にかかって病気になってゆく必要があるのです。

親として、重い病気からは守ってやらなければなりませんが、少々のかぜぐらいは病人扱いせず、自力で治すように努めてほしいと思います。早くから薬を飲ませるのは抵抗力をそぐ恐れがあるうえ、ときに副作用がこわい。病院で別の病気をもらうこともありえます。よくかぜをひく子が医者通いをセイブしたら丈夫になったという話は少なくないのです。元気のあるうちは、なるたけいつもと変わらぬよう外に出しおふろにも入れて、ようすをみてく

――ださい。ただ、悪化したりあまり長引くときは高をくくらず医者の診断を。薬も必要性が納得できたらつづけなければなりません。

離乳

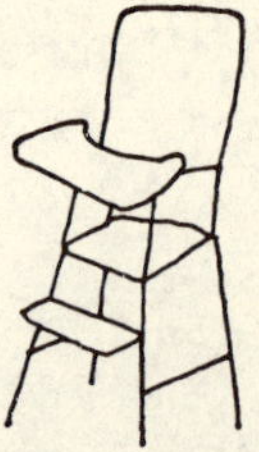

これまで乳にまどろみひたりきっていた赤ちゃんが、しだいに周りの事物に気づき、生活の息吹を覚える様子を見せ始めると、親の心にもほのぼのとした新しい期待が生じることでしょう。

「さあ、わたしたちといっしょの暮らしをしましょう」といった思いが、淡い恋情のように赤ちゃんに向けられます。自分たちが食べているものを赤ちゃんにも食べてほしい、食べさせたい——そういう衝動が親を突きあげるのも、そのためではないでしょうか。

「離乳」は、こうした親と子のふれ合いが深まっていった時に始められてよいと思います。月齢とか、体重何キロとかいう基準は、人の世の行為にはふさわしくありません。医学的にも、そんなにはっきりした時期が決められるわけでなく、その子の発育や食べかたで、かなりの幅が与えられています。

まずは、赤ちゃんを抱いて、家族で食卓を囲むのはどうでしょう。おとなが食べるのをじっと見つめ、口をもぐもぐさせるようなら、もう食べられるのかもしれません。まして、身を乗り出し、喜びの声をあげ、手を振るなどのしぐさをみせれば、確実に要求しているのです。

そうなったら、大胆に食べさせてみてください。もし受けつけないときはがっかりしますが、それにしても、みんなで食事を共にしているのですから楽しいではありませんか。その意味で、赤ちゃんひとりいすに坐らせ、親は食べさせる一方のやりかたはつまらないと思います。「離乳」というのは家庭生活に参加することですし、食事文化になじむことでもあります。基本には、栄養の問題がありますが、それだけだと「飼育」になってしまいそうです。

ですから、料理もなるべくおとなとちがわないほうがいいでしょう。食品の種類をむつかしく順序立てないで、親が食べているものをなんでも赤ちゃんの口に合うよう調整して与えるのがよいと思います。味をうすく、形をこまかく軟らかく。それも、特別につくるのでなく、食卓上で湯をさし、しつこい部分を除き、ほぐし、つぶし、ひたすなどで、ほとんど間に合うはずです。

ベビーフードは便利でしょうが、手作りのぬくもりに欠けますし、大量生産に伴う効率が危険を招かないとは限りません。そんなドライな食べものに頼らないで、この際、親自身の食生活を自然に近くし、赤ちゃんとかけ離れないように努めてください。

食品と調理

離乳食でいまいちばん気を用いるべきは、安全なものを与えることだと思います。材料そのものや添加物に有害な物質が含まれていると、成長期の子には危険です。

材料については、なるべく汚染されていない環境を母体とし、生産の過程でも薬物が用いられず自然に作られたものを選ぶように。自家生産できる家庭ではそのように作り、できない家では少々手間がかかり高くついてもそうした「自然食品」を手に入れる努力が必要です。ほんものの自然食品が手に入らない場合には、もったいないけれど、果実なら皮をむき軸に近い部分を捨てる、野菜は念入りに洗って皮のむけるものはむき、葉のつけ根に近い部分は用いない、魚介類は内臓を避けるといった注意をしたほうがいいでしょう。

添加物については、まず表示をよく読むこと。そして添加物がないか、せめて少ないものを選ぶよう。使用材料が多種で加工度の高い製品は、敬遠したほうが安全。インスタントものはもっとも危険です。容器包装されていない食品、たとえば計り売りのおそうざいなどは添加物の表示義務がないので、眼力を働かせるか信用できる店で買うほかありません。パンはイーストフード無添加、めん類は乾めん、豆腐は大豆から作っている店で買うのがよい。かまぼこ、ちくわは添加物のかたまりのようなものなので食べないのが無難です。みそ、納豆、マヨネーズなど素人でも出来るものは教え合って作れれば最高と思います。

食べさせかた

いっしょに食卓を囲むのが、赤ちゃんにとっては幸せ。そうすれば楽しく食がすすむし、そのうえ、おとなの食べものをそのままかちょっと工夫して与えれば、面倒でなく、経済的でもあります。もし時間的に無理だとか、いっしょでは親が食べた気がしないというのなら、別にするのもやむをえませんが、そのときでも栄養よりは楽しむ気分で、お話ししたり遊びながら与えるように。せかさず、赤ちゃんとタイミングを合わせるのも大切なコツです。

調理はうす味に。塩、しょう油はほとんど使わないのがよい。おとなもそれに合わせて素材そのものを味わうようにしたいと思います。もともと塩からい食品は、みそ汁なら薄め、しらすは塩出しするなど。スープやカレーは湯、牛乳などで薄く。バター、しらすなど塩気のあるものがまざる調理には、そのうえに塩、しょう油は要らないでしょう。香辛料はおとなが欲しければ入れる前に赤ちゃん用を取り分けておくこと。

形の大きいものは、その場でスプーンでつぶしたり、お箸でほぐしたり、あらかじめこまかく切っておくとか柔らかく煮込んでおけばよいでしょう。肉はトリでもブタでも牛でも切れ端をそのまま食べれば与えてかまいませんが、初期はミンチ、それも飲み込みにくければ片栗粉、クリームで丸めたり、豆腐と合わせてみたら。タマゴはゆでないで、目玉でもいり玉でも。魚は白身にかぎらず赤身でもかまいません。野菜は生をきらえば煮るか、ゆでてつぶしたものを。

あまり「べたべた」とか「もぐもぐ」とか順序にこだわることはありません。その子の好みに応じて大胆またはゆっくりと。「一日一品一さじ」は非現実的、ものにより食べかたにより変わってよいでしょう。それはもう常識でやってよいこと。ベビーフードも柔らかすぎ、あんなに計算されたところが、どこか不自然な感じです。

離乳の悩み

「離乳」は、もともと、楽しいもののはず。赤ちゃんが求め、こちらの差し出す食べものを口にふくむ、あのかわいいしぐさ、しかも、それで成長してゆくのですから――。

それなのに、もし楽しくないことが起きているのなら、きっと、どこかに不自然なところがあるにちがいありません。「食べさせる」「食べる」というのは相互行為なので、まず、赤ちゃんと親のあいだにずれがないか考えてみてください。

「せっかく作ったのに食べてくれない」といった不満は、たいがい親の期待過剰です。これは懸命になればなるほど、失望感が増すばかり。そうなったら一歩退いて、赤ちゃんの好みと食べる量に合わせることから再出発したらどうでしょう。自分に合わせてくれたことを知った赤ちゃんは安心し、食事への親愛感を取りもどすだろうと思います。そこで、少しずつ慣れないものを試みて、受け入れてくれるだけ増やしてゆくのです。この時、「標準」のすすめかたとか、よその子の食べぐあいは関係ありません。夢の料理を作るのも張りがありましょうが、それがいらだちの種になるのなら、あっさりやめてしまうことです。

それにしても、「離乳のすすみがおそい」子だと不安がつのるかもしれません。この場合には、乳の飲みぐあいと関係していることがあります。水分の必要量が多く、ミルクや乳房への執着が強い子は、なかなか固形食になじみにくいようです。それはそれで元気よく発育していれば、ゆっくりとすすめてかまいません。

ただ、六、七カ月になってもなんにも食べないとか、九カ月過ぎてもほとんど乳ばかりというときには、泣かしてでも授乳を減らして、その分だけ食べさせる必要がありそうですが――。

「なにを食べさせてよいかわからない」というとまどいは、だれにでも多少はあるでしょう。そのために慎重すぎて「すすまない」ケースも少なくありません。ここでは、わが子をもっと信頼してください。赤ちゃんもヒト、四、五カ月もすぎれば、人間の食べるものなら、まず大丈夫。せめてタマゴだけでも黄身から、肉でも魚でも火を十分通せばいいでしょう。万一アレルギーが起きたら制限せねばなりませんが、いつまでもということでなく、間をおいては少しずつ食べさせてみてください。

食べもので遊んだり、散らしたりの悲鳴は、離乳期の子がいる家庭では、どこでも聞かれるもの。「しつけ」より先に、幸せを感じてほしいと思います。

好ききらい

離乳食を与える場合、一度や二度食べなかったといって、すぐその食品をきらいときめつけないでください。生まれて初めて口にするものなのでちょっと抵抗があっただけとか、その場の雰囲気で食べる気が起きなかったとか、もう五、六カ月の子だと、拒絶して親を試したり遊んだりとかいうことがけっこうあるのです。まだ小さい三、四カ月の子では「押し出し反射」といわれる、舌で口に入ってきたものを押し出す無条件反射が強く残ってもいるでしょう。あきらめず、なん度も入れなおすとか、あまり拒むようなら一～二週間おいてまたやってみる気長さが必要です。

しかし、赤ちゃんでも好みのちがいは相当にあるはず。大きくなっても水気の多いしる物やべちゃべちゃさせた食品がいい子もいれば、早くからごはんとかパン、ひき肉のような固めのものが良くなる子もいます。味もみそ汁のようなからいもの好きがいるかと思うと、さつまいものような甘いものを好む子もいるでしょう。食べる量にもちがいがあって、いくらでも口を開ける子もいれば、ひと口ふた口でもういやという子もいます。

こうした赤ちゃんの食欲と親の与える工夫との響き合いが、離乳のすすみを色づけていくのだと思います。ですから、それは子により親によりさまざま、よそと同じにすすまないといって悲しむことはないわけです。

食べさせかたとしては、きれいに行儀良くさせようとするのは二の次。「立ち食い」でも「遊び食い」でも「散らし食い」でも、とにかく楽しくおいしそうに食べるのがいちばんです。やかましくしつけようとしたら、子どもによって怒ったりいらだったりしゅんとしたりして、食欲を萎えさせてしまうかもしれません。

早くたくさん食べさせようとして、親がほとんど口に入れてやるのも考えもの。本人がスプーンや箸を持ちたがったら持たせ、かき回したりこぼしても大目に見て、手を添え、あるいはときどきはたから食べさせてやるくらいにしてほしい。そうでないと幼児になってもひとりで食べられなくなりそうです。食べものに手をつっこみ、手づかみで食べることもあっていい。そうした体験がなければ、食器がないと食べられないような野趣を欠いた人間ができるかもしれません。

食物アレルギー

肌がかぶれやすく湿疹ができたり、胸をぜろぜろいわせたりしていると、医者から「アトピー」とか「アレルギー体質」と診断され、食事にタマゴや牛乳、魚などを避けるよう指示されることがあるでしょう。ときにはミルクまで豆乳に切り替えることをすすめられるかもしれません。そういう場合には、まず落ち着いて事実をよく確かめてみてください。湿疹やぜろぜろはアレルギーによるとはかぎりませんし、たとえアレルギーであってもそれらの食品が原因のことはむしろ少ないのです。現にそれらを与えて悪化しなければ関係なさそう。量を増やしても変わらないほどなら、すくなくも禁止するいわれはないでしょう。もし与えたとたん明らかに悪化するならアレルギーにちがいありませんが、食べものによるものは消化力がつき免疫機能が成熟するにつれて起きなくなってくるはず。当座は避けても、ひと月くらい経ったら少量与えてみる。なんともなければ増やす。症状が起きたら、またひと月先にやってみるという風に、あきらめないでください。

指しゃぶり

秘境を、赤ちゃんは隠しているのでしょうか。すべてをまかせきりのようでいて、急に自分を閉ざし、おとなが入り込めない世界に去ってしまったかにみえるときがあります。生まれて間もなくの寝息ももらさぬ静寂な眠りもそうでしたが、三カ月ごろから始まる「指しゃぶり」も、十分に親をおびやかす〝魔性〟を持っています。

指を吸う赤ちゃんは、親を拒絶するだけでなく、なにかの不満を屈折させている感じすら与えるかもしれません。だからこそ、あのかわいげな仕草にかかわらず、たいていの親があわてて指を払いのけ、抱きあげたり、乳をふくませようとかかるのでしょう。

そこには、おとなが過去に捨ててきた甘美な陶酔もうかがい知れます。いつの間にかタブーにしてしまった、この魅惑にひたりきれる赤ちゃんに、ひそかな嫉妬を感じるのも故なしとしません。だれはばかることなく指をしゃぶる赤ちゃんは、おとなの虚飾を突いています。たしかに、ほんとうは、こうしたひとりだけの桃源郷にこもりたくても、おとなたちは無理をして外見をつくろっているのです。

このようなことを考えると、「指しゃぶり」は、単なる「しつけ」の問題として片付けるわけにはゆかなくなります。それは、人間の根源に触れるなにものかをはらんでいそうです。

赤ちゃんだって、いつものんきに過ごしているのではありません。いろいろな緊張や不安があるにちがいない。おなかがすいたけれど乳をもらえるかどうか、眠いのに寝つかれない——そうしたいらだちのほか、さびしかったりやるせない気分にとらわれることもあるでしょう。こんなときは、なんとかして心を静めたい。それを、赤ちゃんは自分なりのやりかたで試みているのです。

もともと赤ちゃんは口で吸う欲求が強いですから、乳を飲むだけでは足りないのかもしれません。そのうえ、指をしゃぶることは、自身の確かめになりますし、色情の満足に似た遊びにもなっているのではないでしょうか。

とすれば、「指しゃぶり」を「異常」とか、まして、「悪」として禁ずるのは酷な話だと思います。歯並びの心配も、四、五歳までにやめればなくなるといわれています し、そんなことで、この人間的な行為を奪わないでほしい。それより、赤ちゃんがこの世への好意を抱けるよう親密に接し、珍しく楽しい体験を少しずつ広げてやることのほうがずっと大切だという気がします。

人見知り

ひとには、ひとを怖《お》じる性情があるようです。だれとでも顔を合わせたとき、一瞬、照れ、はにかみ、あるいはおびえ、気おくれを感じがちです。すくなくとも、いくらかの緊張を覚えないことはないでしょう。

それはおそらく人間の存在感の軽さゆえであり、他人に見られる自分を意識することの耐えがたさからくるものだと思います。ひとはその困難から逃避したく、また、克服して他人の中に座を据えたくもあるのです。

赤ちゃんが「人見知り」するのも、これと同じ心情に根があるように見えてなりません。なにしろ赤ちゃんは、そのひとを見つめます。恐怖に親の胸にかじりついても、よせばよいのに、なん度もその人をうかがいます。その「ひと」は、赤ちゃんにとって「もの」とはちがう意味があるにちがいない。いわば、人間が相互に存在し合うものであることが、いや応なく迫られているのでしょう。

ここには、もちろん、知的な認識の能力の発達があります。目の前の人物が親とはちがうこと、自分に迫ってくる気配があることなどが、さっと察知されなければなりません。でも、そうした認識力も、それぞれの赤ちゃんの人間に対する感受性によって、相当にちがってくるはず。

現に、以前、医者から注射されたとか、床屋で押さえつけられたといった不快な体験を持つ子は、似たような人物を素早く見つけます。女ばかりの環境で育った子は男のひとをこわがり、若夫婦だけの家庭では年寄りが無残にも拒否されがちです。生まれながらの性格、気質によって「人見知り」に差があることも、よく知られたとおり。

ですから「人見知り」を卒業させたければ、なによりも、人の世に対する信頼を持ってもらう必要がありそうです。親がしっかりと抱きしめ、なごやかな雰囲気で人と交わっていれば、赤ちゃんは慣れやすいでしょう。ある程度慣れたら、ちょっと抱いてもらって、すぐ親元に返してもらうような遊びをすれば、もっと信頼が深まるかと思います。

いろいろな人物と、さまざまな場面で接する機会を多くすることも大切。そうしながら、赤ちゃんは、不安と安心の交錯する中で、社会的存在としての自分を確立していくはずです。

ただ、知恵がつき、他人と付き合えるようになる過程は、みずから親と離れる行為でもあり、そこにいくらかの孤独感を伴うことは人間の避けがたい宿命なのでしょうか。

音楽

音楽は、からだが、そして心が感じるもの。ですから、からだと心の状態は、音楽への接しかたを変えずにはいません。また、逆に、音楽はその質によって、からだと心に影響を及ぼさずにはいないでしょう。

赤ちゃんは、知識こそないけれど、心身を全開させて生きているので、こうした音楽との交情は、おとなよりも素直であるにちがいありません。生後間もなくの赤ちゃんでも、落ち着いているときに、ガラガラや鈴の音をゆっくり鳴らしてやると、対応する動きをみせます。

一カ月たつと、ちょっとした音響にも敏感になり、二カ月ともなれば聞き耳をたてるようすさえみせ始めるでしょう。そして、三カ月に入ると、音の高低や音色をかな

り聞き分けるようになり、四カ月には、はっきり快、不快を感じだすといわれています。

とすれば、音楽的環境は、幼いうちから粗末にはできないという気がします。まずは、静かな、安定した気分をもたらすような音の世界がいいかもしれません。実験によれば、音域が広くなく、拍子も単純（二拍子）で、音色のやさしい響きが好まれるそうです。女のひとの声にもひかれるといいます。

でも、だからといって、そういう音楽ばかりで包むのはどんなものでしょう。親が聴きたい音楽を我慢していたら、もうその環境は音楽的ではありません。

まして、「育児用」名曲集で眠らせたり食べさせたりするとすれば、それは子どもと音楽の双方への冒瀆だと思います。男の太い声が赤ちゃんを脅かすとしても、両性の交響があって、情緒は幅を持ってくるはずです。

聴覚は、「宇宙の生命」と「人の世の情感」を、深いところで受容する性質を持っています。

それをわが子に経験させたいなら、親が本当によいと感じる音楽を、赤ちゃんの心身の状況に合わせて、いっしょに楽しむという風にしたい。なにが「よい」かは比較の問題でなく、「名曲」であるともかぎらないでしょう。

その感動を、六カ月以降の赤ちゃんは全身で表現してくれます。手を振り腰を浮かしての歓喜は、体内からの自我の意識であり、広い外界への開明でもありましょう。七カ月ごろからは自分で音をたてるようになるし、お誕生日近くには踊りだすかもしれません。

いまは音楽があふれすぎているので、その中から「よい」ものを親子して見つけてほしい。それはやっぱり宇宙と人生への感受のしかたにかかっているのではないでしょうか。

ことば

もしかして、ことばをたくさん必要とする人間関係は、薄く寂しいのかもしれません。そのもどかしさに駆られて、余計にことばを探し求めることすらあります。そこには「情報伝達の道具」として用いたとき、ことばに背負わせがちなむなしさがひそんでいるでしょう。

ことばは、かならずしも「記号」として整っていなくても通じるもの。また、「ひとりごと」のように自分だけの意味しかなかったり、詩や歌のように内面世界に濃いかかわりを持っていたりもするでしょう。

赤ちゃんは、生まれてすぐ、体内の快い、または不快な感じを声に出し始めます。二、三カ月になると、ごきげんのよいときに、「アーアー」とか、「オクンオクン」など、ひとりでおしゃべりを楽しむようになります。そのうち、相手をしてやると、声を合わせ、からだをよじって「キャッキャ」と喜ぶまでになるでしょう。同時に、かまってもらえなければ、不服そうに鼻を鳴らしだすかもしれません。これらは、「ことば」にはなっていないけれど、やっぱり、ことばなのだと思います。

このようにして、やがて一歳から二歳にかけての爆発的に発語する時期を迎えるわけですが、それに付き合っていると、赤ちゃんは、いっぺんにことばを了解する能力を持っているようにしかみえません。単語とか、その並べかたから入っていくようでいて、実は、もっと広い含みを込めて言っているのです。「マンマ」といったとき、それは単なる食べものだけでなく、食べることの全体やかまってもらうことへの要求の表現であったりもします。相当に長い文章を、いきなりしゃべって驚かされることもあります。

ですから、「ことば」をひとつずつ、学校のように教え込もうとするのは、あまり意味がないでしょう。それより、「ことば」に込められた内実を、赤ちゃんとの間で共感することだと思います。「幼稚語」であっても、しっかり通じ合っていれば、ものごとの概念はしだいに頭の中に定着していくはずです。

少々「ことば」がおそくても、それ自体を心配しないでください。その子が親と世間に温かく受け入れられ、まともにやりとりがなされているかぎり、かならずことばは形成されていきます。発語の時期より、この「ひと」としての扱われかたが大切なのです。

赤ん坊が　わらふ

八木重吉

赤んぼが　わらふ
あかんぼが　わらふ
わたしだつて　わらふ
あかんぼが　わらふ

『八木重吉全集』第一巻（筑摩書房刊）より

哭くな　児よ

八木重吉

なくな　児よ
哭くな　児よ
この　ちちをみよ
なきもせぬ
わらひも　せぬ　わ

『八木重吉全集』第一巻（筑摩書房刊）より

衛生

衛生は健康を守るために大切ではありますが、度を過ぎると、かえって、からだを損なうし、神経質にもなってしまいがちです。いまの日本では、むしろやりすぎに気をつけたほうがよさそうに思います。

たとえば、病原体の侵入を防ごうとして、あまり厳重な隔離や消毒を続けていると、赤ちゃんは丈夫に育ちません。

確かに幼いうちは抵抗力が弱い上、母親からもらった免疫も四、五カ月になれば、ほとんどなくなってしまいます。でも、それから先は、自力で免疫をつくっていく、そのためにこそ、ある程度の病原体の感染が必要なのです。赤ちゃんは、それらと闘いながら、抵抗力を鍛えてゆくわけです。世の中には無数の細菌類がいますから、そ

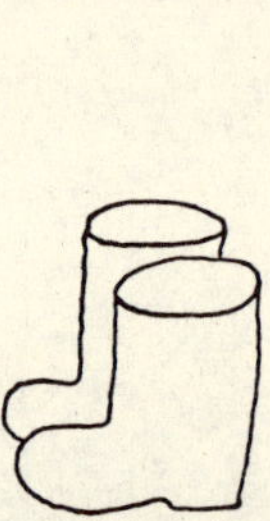

こで生き抜くためには、こうした試練をわずかずつでもくぐらせなければ——。

赤ちゃんがしゃぶろうとするものを、なんでも「ばっちい」と取り上げたり、いちいち洗ってから与えたりするのは、いいことだとは思えません。公園で遊ぶのを喜ぶ年ごろになったら、少々の砂を口に入れるくらいは、気にしないほどの大胆さがほしいものです。特別に不潔な場合は別として、普通に身のまわりにあるものについている細菌類は、まず知れていますから、赤ちゃんは十分に克服してしまうはずです。

食品になると、細菌類が繁殖しやすいので注意しなければなりませんが、それでもポイントさえ押さえておけば大丈夫。調理してすぐ食べさせ、残りものは与えないか、今一度火を通してからにするといった常識を守るだけでよいでしょう。食器まで消毒することはありません。

哺乳瓶も、いつまでも煮沸しているのは、意味がないと思います。おそくも離乳食を食べだしたら、そちらでけっこう雑菌は入りますから哺乳瓶だけ厳重にしてもつり合わないのです。

ただ、ミルクは細菌類にとって格好の培地なので、いい加減な扱いは危険です。飲ませたあとの瓶は、その場でか、水につけておいてから、丹念に洗わなければなりません。とくに乳首、その穴、ねじブタ、瓶の底をブラシなど使って乳かすが残らないよう。計量スプーンやカップもよく洗って乾かしておき、調乳に際しては、一度沸かした湯を用いること。

これだけすれば、まあ三カ月過ぎた赤ちゃんなら、十分でしょう。水洗いで消毒の基本は果たしているので、それ以上手間をかけて疲れるより、その分休んだり、赤ちゃんと遊んだりしてください。

寒さしのぎ

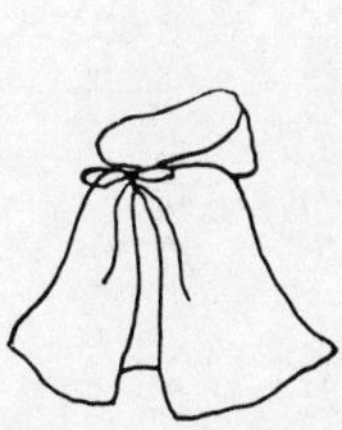

寒いあいだの暮らしは、赤ちゃんがいるからといって、それほど特別にしなくてよいと思います。

いまの住居の構造と暖房器具の普及からすると、むしろ暖めすぎを警戒したほうがよさそう。おとなだけのときより高くした室温で、じっとりと汗ばんでいる赤ちゃんをよく見かけます。夜泣きの原因が、重ね着の上になん枚もふとんをかけた暑さと窮屈さによることも少なくありません。

親心は「冷え」が心配ですが、温度計とにらめっこしたり、深夜になん回も起きてふとんをかけ直すことまではしないでよいでしょう。赤ちゃんは、そんなに寒さに弱くはありません。せめて生後一カ月を過ぎたら（未熟児でもその状態を脱したら）、ほとんどおとなと同じ環境で生きられるはず。それに「冷え」は、かぜの原因にはなりません。かぜは主としてウィルスか細菌の感染によっておきるのです。極端に冷えこめば新陳代謝が低下して、発病しやすくはなるでしょうが――。

寒さをしのぐのに、暖房器具だけに頼るのもどうかと思います。日差しがぽかぽかと暖かい日には、思い切っていっぱいに太陽を入れ、布団もふっくらと干したいもの。外の日だまりに出て、まどろむのもいい気持ちでしょう。しんしんと冷え込む日には、壁からの寒さを防ぐ工夫がかんじん。ガラス戸はもちろん、ベッドの周りの壁に二重にカーテンをかけると、ずいぶんちがいます。

すき間風がくるようなら、衝立《ついたて》になるものを立てたり、ベッドのサクをシーツでおってやるとよい。ただし、それらが赤ちゃんにかかって窒息させないように。あまり布団からはみだす子は、添い寝してやれば、すぐ手元に引き寄せられるので、楽ではないでしょうか。

運動は、赤ちゃんにとっても、いちばんよい暖の取りかた。寒い日ほど、からだを動かしたり、さすってあげてください。就寝前の入浴も、全身をしんから暖めてくれます。

暖房器具は、ぜいたくはいりません。地域と家庭の事情で最低必要なものを。ただ、電気毛布は水分を奪うので赤ちゃんには使わないほうが無難。こたつより湯たんぽを入れたほうが、赤ちゃんはいい気持ちでしょう。暖房している間は、せめて二、三時間に一度はさっと開け放して換気することと、湯気を立てたり洗濯ものをつるしたりして乾燥を防ぐ必要があります。

冬の病気

冬は、一年中で最も病気が多い時期です。でも、幸いに、そのほとんどは軽くすむので、あまり神経質にならないでください。昔は命取りになるような病気が少なくなかったのですが、今では非常にまれになってしまいました。それよりも、大事にしすぎてひ弱にしたり、過剰な手当てでからだを損ねたりすることが増えているのです。そうなると、病気への対処のしかたも考えなおさなければならないように思います。

この季節、いちばんかかりやすいのは、やはり「かぜ」、生まれてすぐでもかかります。鼻みず、鼻づまり、せき、ぜろぜろに熱が出たり出なかったり。きげんと食欲も悪くなるのや、さほど悪くならないのがあります。医者にみせると、かぜ、へんとう炎、上気道炎、気管支炎といった病名がつけられるでしょう。これらの大半はウィルスの感染が原因です。わりと元気があるかぎり、なるべく薬は飲まさないで、自然に治したい。鼻がつまって苦しそうなら綿棒で取り、せきこんだときには縦に抱いてやってください。食欲が落ちても、無理強いせずに水分だけは十分与えるよう。しかし、ぐったりしたり、ぐずって眠らないほどになったら、ぜひ医者にかかってほしい。医者は細菌の感染が関係していると判断されしだい、抗生物質を処方するでしょう。「肺炎」といわれても、びっくりしないで。たいがいが「ウィルス性肺炎」で、これは普通のかぜと同じようにしていて治るはずです。入院も、まず必要ありません。ただ、抗生物質の効かない種類の細菌による肺炎は、相当にやっかいなので、入院してでも的確な治療を受けねばなりません。

　インフルエンザは幼い赤ちゃんほど悪化しやすいので、うつされない注意を。それらしいのにかかったら、早く医者に見せてください。ただし、タミフルは副作用が恐しいので飲ませないこと。解熱剤も脳炎を起こしやすいので、なるべく使わないように。あまりに苦しそうなときだけアセトアミノフェンを使うにとどめて下さい。

　水のような便を数多くし、しきりに吐くときは、たいていウィルスによる「感染性胃腸炎」です。便が白っぽくなったり、すっぱいにおいがしたら、まず間違いありません。水分さえ補給しておけば、自然に一週間か一〇日以内に治るのであせらぬこと。

うすめたミルク、番茶、白湯《さゆ》などを少しずつでも頻繁に飲ませれば、「点滴」はさほど必要にならないと思います（一四四ページ参照）。ぐったりしていなければおふろに入れ、元気がないならお尻だけでも洗って、かぶれを防いでください。下痢がないのに、突然吐き始め苦しそうに泣きだしたら腸重積の疑い。血便が出たら決定的です。すぐ病院へ。

「肺炎」

医者から「肺炎」といわれても、それだけで動転しないで。赤ちゃんをあまり診たことのない先生は、胸がぜろぜろ鳴っていたり、聴診器に大きな音がすると「肺炎」と錯覚させられることがあります。医学に熱心な先生ですと、レントゲンをとって病理学的に肺炎の像を認めると、親にもその病名を告げられることでしょう。

でも、医者のいう肺炎と、親の感じる「肺炎」とは大分ちがいます。医者にとっては「ウィルス性肺炎」も、マイコプラズマという病原体による「非定型肺炎」も、細菌による「大葉性肺炎」も、みんな肺炎の一種です。しかし実際には、ウィルス性肺炎は「かぜ」といっしょで死ぬことはないし、非定型肺炎もせきの強い「かぜがこじれた」ようなもので、ほとんど心配なく治るうえ、赤ちゃんにはめったにありません。そういうのを細菌性肺炎と同じように大げさに扱うことはないでしょう。「肺炎」という病名を告げられること自体、親にとっては意味がないし、無用な心配をさせられるだけです。

ですから「肺炎」といわれたら、どういう性質のものか詳しく聞き質すのがよいと思います。脅かされても、元気ときげんがさほど悪くなく、食欲もまあまあ、熱とせきもひどくないようなら、あわてて注射したり入院したりせず、様子をみることをすすめます。ウィルスには抗生物質は効かないので、それとて飲まさないほうがよい。もし細菌性肺炎が疑われたり、ウィルスが元でも二次的に細菌の感染を伴ったと考えられた場合には、抗生物質が必要ですが、そのときは元気がなくなり高熱がつづいたり、あえぐように苦しそうな息になっているでしょう。けれど心配なく、ほとんどは菌に見合う抗生物質さえ使えば、かなり劇的に良くなります。

万一、どの抗生物質も効かずどんどん悪化しだしたら、至急に入院して徹底的な検査と治療を受けてください。珍しいことですが、耐性ブドウ球菌感染などといった恐ろしいのもあるからです。熱がなくても「無熱性肺炎」というのもあるので、息が苦しそうで乳も飲めないようなら、とくに生まれて間もない子は慎重にしてください。

いずれにしても、肺炎の看病は、たくさん着せるより室温を暖かく保つこと。一八〜二〇度、夜間でも一六度は下らないように。同時に空気が乾燥しないよう、換気にも十分気をつけて。食べなくても、水分だけはなん度も誘って飲ませる工夫が必要です。

入院と点滴

入院をすすめられたといって、かならずしも病気が重いとはかぎりません。病院によって大したことがなくてもすぐ入院させるところがありますし、開業医でも「手おくれ」を恐れたり手間がかかるのをきらって病院に送る場合が少なくないのです。そういうときにはいろいろと脅かされるでしょうが、赤ちゃんの様子がさほど悪くないのなら、納得のゆくまで説明を求めるべきです。入院させれば医者は都合がいいし親も安心かもしれないけれど、当の赤ちゃんにとっては難行苦行、必要以上の検査や治療を強制されたあげく、他の重い病気までもらうことすらあります。元気さえよければ、せめて一日、二日と経過をみてからにしたほうがよいと思います。

「点滴」も口から飲ますほうが先（一四二ページ）。しきりに吐くときはごく少量ずつ、シャーベットのようなのがいいかもしれません。

医者にかかる

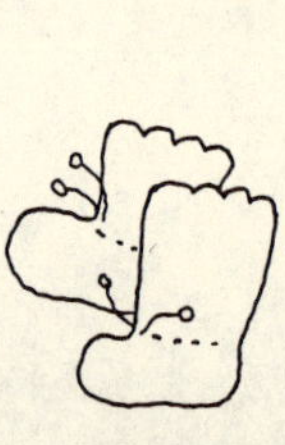

医者にかかるとき、つい忘れがちなのは、当の赤ちゃんの意向です。赤ちゃんはなにもわからないという頭がそうさせるのでしょうが、それは、ときに、残酷な結果を招きかねません。

本人はさほどつらくなく、まあまあいつもに近い調子なのに、親のほうが心配で放っておけず、医者にかかってしまうということがよくあります。

この場合は、親の目にうつる容体とそれを気にする気持ちの動きが、一切を支配するのでしょう。熱が出たとか、せきをするといったときに、そのことだけで病状を判断したくなる。だから、熱が「高い」とか、せきが「ひどい」とでも感じられれば、矢も盾もたまらなくなるわけ。まして、知りあいの子が「肺炎」になったなどという話を聞いていればなおさらのこと。こうして医者のところに連れて行かれる赤ちゃんは、自分の必要からではなく、実は、親の心配を担い、それを解消するために身をつくすことになりかねないのです。

それでも、医者が赤ちゃんの気分と病気の性質をよく考えて、そうした配慮をしてくれればよいのですが、親の心配のほうに加担して「念のため」不要と思われる薬まで処方するという態度に出ると、犠牲は現実のものになってきます。そのときの熱やせきが、突発性発疹とか普通のかぜであった場合、抗生物質は効きません。効かない薬を与えるのは、からだに害を加えるだけです。

ほんとうに医者にかかる必要があるほどの病状なら、ほとんどの場合、そのことを赤ちゃんは全身で訴えます。眠れぬくらいぐずるとか、生気がなくなるとか、顔つきや仕草も苦しそうな様子をみせるはず。あるいは、どことなく普通ではない状態を長くみせつづけるでしょう。

そんなときに高をくくったり、親の都合で一日延ばしに放っておいたりするのはひじょうに危険です。医者にかかったとしても、予想に反しどんどん悪化するときには、時機を失わぬよう、他の医者にかわる決断までしてかまわないと思います。

どんな場合でも、医者にかかったら、不審なことは遠慮なく尋ねるべきです。このごろは検査のしすぎと、そこからくる病名のつけすぎ、生活規制のゆきすぎが問題になっているので、わが子の身になって生活者の実感はどしどし出してたがいに修正すべきはするようにしてください。とにかく、病気を見立て治療するのは医者だけでなく、親にも責任が大きいことを肝に銘じてほしいのです。

夜中の急病

深夜とか休日に発病したときは、とりわけ冷静な判断が望まれます。心細さから、なんでも医者に駆け込んだり救急車というのは賢明でありません。そのまま見守っておいたほうが赤ちゃんのためになるし、医者の治療より親の看病のほうが大切という場合も少なくないからです。それに夜中に起こされた医者のコンディションは良くないし、救急車ではどこに連れていかれるかわかりません。専門外の医者であったり、病院では入院患者と救急患者でてんてこ舞いの状態かもしれません。いきおい時間外の診療は、当座の応急処置ということにならざるをえないのです。だいいち、発病したそれ、といって、医者にみせたところで、正確な診断はつけにくい。そのうえ治療も熱なら解熱剤、嘔吐なら吐き気止めといったその場しのぎですますほかない場合が多いので、それがかえって病状を覆い隠し翌日の診断を狂わせることも、ないではないでしょう。

そういう事情から、瀕死の状態は別として、翌日まで家で看病しながら待つのを原則にしてほしいと思います。時間外のほうが空いていていいなどはもってのほか、前から悪かったのを放っておいて夜中ににわかに心配になって駆け込むのも勝手すぎます。夜が近づいたり、翌日が休日というときには、早めにかかっておくのが配慮というものでしょう。

赤ちゃんの病気は、悪くなるにしろ良くなるにしろ経過が速いですから、この際、それを見守ることが大切になります。そのポイントは、熱とかせきといった個別の症状よりも、元気、きげん、食欲などの全身の状態です。燃えるように熱くても、あやせば笑うとか乳も少ないながら飲む風なら、まず急を要する事態ではないでしょう。たびたびぐずるにしても、そのあいだには安らかな寝息をたてて眠り、顔つきや顔色もさほど悪くなければ、親もそばで仮眠して大丈夫と思います。生まれつき心臓が悪いとかひきつけたことがあるとかリスクの大きい子は、あらかじめかかりつけの医者から、こういう場合の手当てのしかたを聞いておき、必要なら応急の薬ももらっておくといいでしょう。

もし一時間二時間と経つうちしだいに悪化し、とくに顔色が青ざめ苦しそうな表情を増し始めたら、至急に病院に向かってください。できれば小児科のある総合病院へ。気がついたとき今にも死にそう、ひきつけているとか、青白くなって抱き上げてもぐったりといった場合には、とにかくあわてないで——。激しくゆすったり大騒ぎするとかえって悪化させることがあります。ひきつけはほとんど五分くらいで治まりますし、ぐったりしていても息をしているかぎりすぐ動きだしたり泣き声を立てて顔色がもどることが多いものです。しかし、息もないようだとか、軽くゆすっても応じてこないようなら、最大級の救急を要します。

薬のこと

抗生物質など「強い薬」が出されて、その必要性に疑問を感じたり副作用に心配があったら、遠慮なく尋ねてください。そのうえで飲ませるか飲ませないかの最終判断は親にあってよいと思います。「○時間おき」はよほどの重病でないかぎり融通を利かせ、眠っているのを起こしてまで飲ませる必要はまずないでしょう。保育園にいける状態なら、保育士さんに

――薬を頼むこともなさそうです。万一、副作用らしい容体が出たら薬を変えてもらい、その名前を記録しておくこと。

乳離れ

「おっぱい」から離れる過程には、かなり微妙なものがありそうです。子どもも親も心の中には揺れ動きがあって、それはもしかすると一生にわたる人間の不条理にも通じているのかもしれません。

赤ちゃんがひとりで動き、自分の意思と力で外界と交わるようになると、一気に目の前がひらかれます。その様子はどんなにか魅惑に富んでいることでしょう。赤ちゃんはもどかしげに挑み、もう次の対象に気を移しています。

だが、そこには未知の持つ不可思議と恐ろしさもありました。そのときは逃げ帰らなければなりません。愛してくれる人の胸に飛び込み、しっかりと抱かれたい。そうして乳をまさぐり、吸うことができれば、心の故郷に回帰できます。それに、もとも

と、「おっぱい」から旅立つについては、いくらかの未練も残してきていたのです。その喪失感を埋めたくもあるでしょう。

事情は母乳でなく哺乳瓶であっても同じこと。「おっぱい」から離すには、ここらあたりのデリカシーをふくんでいたいと思うのです。離すほうの親にしても、早く断ち切って卒業させたいし、また、甘えには応じてやりたい気持ちが交錯するにちがいありません。それをどれだけ無理なく溶け合わせてゆくかが、この際の課題です。

おそらく乳離れは、親と子のそれぞれがたがいに独立した自我を広げ、それでいて通じているという関係がありさえすれば、さほど難しくはないのでは――。悪いのは、親が赤ちゃんにかかずらいきりで、わが子が雄飛するのを、知らずに妨げている場合でしょう。いつも抱いたり、いたずらを制止ばかりしていながら「おっぱい」をやめさせようとするのは、完全な矛盾です。離したいのならば、思い切って魅惑的な世界に放ってやらなければなりません。そのためには、親も自分を生かすことに気が向いていて、子が帰ってきたときにいらだちなく受け止められるだけの安定に達している必要があるのではないでしょうか。

面倒から、なんでも泣けば「おっぱい」でごまかし、食べさせる工夫をしないのも乳離れを遅らせる原因になりそうです。多様な要求にこたえ、食事も共にしてやることは、授乳にまさる情緒の交流になるはず。特にあまり食べない場合は、なるべく「おっぱい」を断つ工夫をしたほうがいいと思います。

ただ眠るときとかさびしいときに乳をふくみたがるのは、乳離れの過程としては自然なことでしょう。お話をしてやるなり楽しい遊びで、しだいに「おっぱい」が不要になるように仕向けてください。

乳をやめる（断乳）

母乳はお誕生日までにやめなければいけないと、ほとんどの育児書に書いてあるし、保健所や医者からきつくいわれることもあるかもしれません。でも、どうでしょうか。なかには別に努力しなくてもいつの間にかやめてしまったという母子もいますが、たいていはそんなにかっちりとやめられるものではなさそう。人為的に期限を切って「断乳」を強いるというのは、どうも無理なような気がします。そうさせる理由のひとつは貧血をはじめ栄養不足が起きるというのですが、離乳食を普通に食べていれば問題ないはずだし、あまり食べなくても栄養と発育に支障をきたさなければそれでいいわけ、そういう子もけっこういます。いまひとつの理由は母親に依存して精神的な成長が妨げられるという説に求められるのですが、これも実際にしっかりしてき、母から離れてよく遊んでいるのならどうということはないでしょう。

そうとすれば、時期にかまわず、自然に離れるのを待てばよいと思います。食卓を楽しく、心をそそる食物を大胆に与え、いたずらは大目に見、家の中だけでなく外にも出て面白く遊ぶ機会を多くしてやれば、赤ちゃんは自分から離れていくのが普通です。母親のほうもしだいに乳をふくませるのがおっくうになるでしょうから、その気持ちをそのまま見せていれば、赤ちゃんにも伝わって、それぞれ未練を残しながら断つほうに向かうのでは——。もちろん、そうはいっても、ここには生活の事情やら母子の体質と気質が大いに影響するでしょう。次の子を妊娠したり夫婦関係が悪くなったりすると、とたんに赤ちゃん返りするかもしれません。乳房がよく張り赤ちゃんの飲みっぷりもいい場合にはやめにくい。母が乳離れをしのびないとか、子に甘え気分が強いというときにも、おくれ気味になりがちです。それでも全体として乳を吸うことが減り、眠るときとか淋しくなったときなどに限られてくれば、いいと思ってください。夜中に求めるのも、まだ一歳くらいではおよその家庭であることでしょう。
しかし、食事にほとんど振り向かず、母親の胸にくっついてばかりいるという場合には、だんぜん離す努力を払わねば。母親がいやでたまらず、くたびれてしまったという場合にも、断つことに踏みきってよいと思います。次の子を孕んであふれるほどの乳が出ているときも、断乳しなければなりません。その方法は、人間どうしのきびしい対決を基本としてやってほしい。乳首に絆創膏を貼るとか芥子をつける、乳房に絵を描くといった恐怖は好みません。ましてホルモン剤の注射のような生物学的方法は、特殊なケースをのぞきすすめたくありません。あくまでも断つ姿勢を貫いて——。「食べなければだめ」といいきかせ、いったん断ったらもう妥協しない。自分がわずらわしいなら「いやよ」とはっきり拒んでしまう。その代わり、いっしょに遊んでやるなり楽しいことに気を向けさせてください。泣きつづけられても、それに耐え抜くこと。そのためには夫の協力とか近隣への配慮なども必要なので、計画的に始めるのがよいでしょう。この間、乳房は極力冷やし、張って苦しくても軽くしぼるだけにすること。

フォローアップミルク

幼児をターゲットにした商品で、鉄とビタミンCが添加されているのが特徴。ですから、食事でこれらが十分摂取されていれば、わざわざ買うまでのことはないと思います。ミルクを与えるのなら、牛乳、とりわけ成分無調整・低温殺菌のものを。

食べない

お誕生日を過ぎるころから、急に食べなくなることがあります。親というものは、子には食べさせたがる性《さが》がありますから、これはたいへん気にかかる出来事です。たいていの親は懸命に格闘を始めます。でも、なかなかうまくいきません。いろいろと工夫し、やいのやいのと脅したりすかしたり、結局はため息をつきながら日がたって、いつの間にか、この戦争もうやむやにすんでしまうのが落ちのようです。で、そのあげく、栄養とか発育に重大な支障をきたすこともまずありません。多少やせ気味でも、元気に育っていくのが不思議なくらい。

どうやら、赤ちゃんは、そんな風にできているのです。からだのことでは、もうこのころには目覚ましい発育の時期は終えて、皮下脂肪も減り、すらりとした体型に転

換しだすので、前よりも栄養は要らなくなります。けれど、赤ちゃんを見ていると、それよりも、食べること以外のよそに気が向いてしまうのが大きな理由のように思われます。親が食べさせようとするのを、そらしたり拒んだりして、試し、遊び、自己主張もやっているらしい。これは赤ちゃんの発達であり、親を相対化していく試みなのでしょう。

そうとすれば、無理やり食べさせにかかるのは、生理的にも心理的にもふさわしくない。いままでの「発育第一」の頭でなく、食事を楽しみ、子どもなりの仕方で家庭生活に位置づけるよう切り替えるのがよさそうです。まず、本人の食べる気を待つこと。遊びに夢中になっているのを、中途でテーブルに着かせるなどは下手なやりかた。食卓がととのう気配に関心を向けたときさっと連れてくるとか、親だけ先に食べ始めて寄ってくるのを誘ったりしたらどうでしょう。

食品は、本人の好むものを食べるだけ与えること。きらいなものを強制するのは、食欲を閉ざすだけです。せめてたわむれみたいにして少しずつ口に入れてやるくらいに。偏食と「むら食い」は、この時期の赤ちゃんでは普通です。むしろ、そのほうが心身の現実に忠実なのかもしれません。いつも万全な「栄養」をとらせるという考えは、そもそも人間の自然と主体的意志に反するものです。

しかし、単なる放任ではなく、その場の食品の中から選択することになるのですから、食卓は豊かにして、生活のけじめはつけるように。

食べる際の行儀も、形式より、見るからにおいしそうなのがいちばん。手づかみやこぼし、立ったり坐ったりも、食べるのに集中し、楽しそうなら、それが最高のマナーなのだと思います。

食事で大切なこと

食事は栄養を摂る行為でありますが、同時に楽しみであり文化としての意味も持っています。楽しみを奪われたら栄養も摂る気がなくなるでしょうし、文化的でなかったら飼育に過ぎなくなりそうです。ですから、食べることは栄養より先に赤ちゃんが喜ぶように、おとなの食生活に参加する風にするのがいちばんと思います。

栄養をつけさせたいと願うのはよいのですが、食べるのはあくまで赤ちゃん。「馬を川に連れていくことはできるが、水を飲ますことはできない」という格言のとおり、無理したところでどうにもなるものではないでしょう。大事なのは「川に連れていくこと」。まわりでいろいろなものをおいしそうに食べているのを見れば、つられて欲しくなるかもしれません。そこでつまんでみて美味を覚え、お腹がくちくなる快感を知れば、また別の食べものにも挑戦してみようという意欲も湧いてこようというもの。こうして食欲を鼓舞することが、離乳をすすめるコツではないでしょうか。本人に食べる気がなく、きらいなのに、なんだかだと押しつけられたら、かんじんの食欲は萎えてしまいそう。あんまり食べたがらないときは、思い切って放っておいたほうがいいのでは——。

目の触れるところにさまざまな料理を並べて置くだけで誘いも手伝いもせず放置したほうが、食べさせたり食べかたを教えた場合より、栄養状態もマナーも良かったという有名な実験があります。放っておけばなん日も牛乳しか飲まないとかパンばかり食べるとか小食や偏食、むら食いが目立つのですが、六カ月たってみると、そのあいだに変化があって、結局はならして必要な栄養は摂っていたというのです。つまり、毎日のように万全の栄養を与えなければならぬというわけではなかった。むしろそう努めたほうが、子どもの抵抗を招き、偏りを生じてしまったようです。マナーについても、やかましくいうとスプーンを放り投げたり口の中の食べものを吹き出したり、かえって無様なことが起きやすかったのですが、子にまかせておくと食べるときには一心不乱、行儀は知らなくても、いかにもおいしそうでほほえましい感じを与えるのだそうです。もちろん家庭では実験のとおりにはいきませんが、これは知っておいてよいことでしょう。

食べなくなったとき

お誕生日前後のほか、離乳中期にも急に食べなくなることは多いものです。これもたいてい食べること以外に気が向き始めたためのよう。献立にバラエティを欠いていて飽きられたかにみえるケースもあります。心身の成長のぐあいで食欲に変化が出てくるのは当然だし、人間ですから気分というのも大きいにちがいありません。

ともかく、こういうときには、食品、調理法、味つけ、盛り付けを変え、うんとおとなに近づけるか、単純化して汁かけごはんのようなものにしてみるといいかも。食べさせかたも椅子を替えたり、食卓での位置を移したり、膝に抱いてみたり、いろいろ工夫してください。暑い季節には食欲が落ちるのは普通。さっぱりして冷たく水気の多い食品でしのぐのがいいでしょう。

――いずれにしても、戸外に出し、運動は十分に。食欲増進剤は病的でないかぎり使わぬように。

気をつけて

マザーグースより
毛利ミドリ訳

おかあさん　川に泳ぎにいってもいい？
いいわよ
ようふくを木の枝にかけなさい
水にはちかよっちゃだめよ

金

しつけ

「しつけ」をしようとかかって懸命になるのは、案外つまらぬことなのかもしれません。そんな大層な努力をしなくても、普通に育ち、なごやかに暮らしてゆけるなら、それでいいわけだし、わりとそういう風にやれるのではないでしょうか。すくなくとも日常のこまごましたところでは、親子が角突き合わさずとも、たがいに認め、許し、迷惑をも愉快に転化してしまうほどのユーモアを持てば、さほど大げさにならずにすませられると思います。たとえ許しがたいことでも、相手は赤ちゃん、せいぜいやさしくさとすといった感じでやれれば、気分はいい。

もちろん親も子もともに人間ですから、しょっちゅういらついたり、かっとなったり、いがみ合いはつきものです。それを赤ちゃんは、おそらくもろにぶつけてくるでしょう。性格やこれまでの育てられかたで表現は異なっても、おとなのようにセイブはしません。

こういうときには、親のほうも、どちらかといえば、我慢しないのがよさそう。「しつける立場」を意識しすぎて冷静を装うと、精神衛生に悪いし、かえって辛く当たることにもなりかねません。

ほんとうは頭にきているのに、「してはならぬもの」とか「こうすべきだ」といった絶対的な規範にすり替えて説教などしても、赤ちゃんはなんのことやら、仕方なく従っても、決して身にはつかないでしょう。そんな表向きより、親がストレートに怒り、忌避し、要求するほうが、ずっと心にしみるはず。思わず手が出てたたいてしまったとしても、その気持ちは強く赤ちゃんに迫ることができるのでは――。

どうやら「しつけ」には、その中核に、こうした人間らしい感情の火照りが必要なのです。それを欠いた「しつけ」はどんなに教育的配慮がなされていても、どこかがよそよそしい気がします。とりわけ、いうことをきかすための手段として、計画的に強制や体罰を科するのは、親自身を安易にするし、赤ちゃんからは自己主張を奪って、卑屈にしてしまいがちです。

「しつけ」の目的を、形式的に従順な人間を作ることに置くのならともかく、そうでなければ、まずは赤ちゃんの心に躍動を与えたい。行儀作法よりも、他人の気持ちがわかり、人とともに生きる喜びを知ることのほうが大切。

人格を損なうものに敢然と抗する勇気も、そこからはぐくまれるのではないでしょうか。この世の未知に対する冒険の意欲も、できるだけそがないでほしいと思います。

事故

人生は、常にリスクを伴います。事故も、いつでも、どこでも起こりうると思わなければなりません。実際、子を持って育てあげるまで、まったく事故がなかったという親は、恐らくひとりもいないでしょう。

当然、だれしもが、なにごともないように祈りをこめて努めるわけですが、それでも、恐怖の瞬間を避け切ることはできにくい。しかも、そのほとんどは暮らしの日常にまぎれて襲いかかってきます。これをどこまで防ぐか。

もし最大限に防ごうとするのなら、ひとときといえども赤ちゃんのそばは離れられません。生活の場もあげて安全装置に切り替えねばならぬでしょう。そんなことをすれば、親がもたないし、だいいち、赤ちゃんがしっかりと育つはずがありません。ど

こにもぶつからぬよう、転ばぬよう、かすり傷ひとつせぬよう保護し、行動を制限していたら、自分で危険を察知し、反射的に回避する能力は鍛えられません。上手な身のこなしや忍耐力は、なん度か痛い目やけがを経験しながら、からだが覚えてゆくものですから。

かといって、なんでも赤ちゃんにやらせ、放っておくようなことをしていたら命までも奪われかねません。そこらへんの線引きがむつかしいし、親として厳しいところなのだと思います。

でも、おそらく、そのはざまに立って迷い、はらはらしながらどうしようかと考えているうちはいいのかもしれません。重大な事故は、そうした緊張感を欠き、安逸に流れたときに多く起きているようにみえます。

「はいはい」をし、歩けるようになった赤ちゃんに慣れ、要領めいたものをつかむと、わが子が薬物を口にし、高所から落ちるといった可能性を、いつの間にか意識から遠ざけてしまいがちです。いたずら盛りの赤ちゃんを「あ、やっているな」とほほえましく、かつ心配で、それとなく注意を向けていればまず大丈夫でしょうが、親がなにかにかまけて子の存在を忘れると、物をのどにつまらせたり、激しく転倒することを防げそうにありません。

身のまわりから恐ろしい事故を招く状況をなくすことは、親としての最低限の義務です。熱湯は手の届かぬところに、ベランダには踏み台になるものを置けません。わが子の性格と成長の過程から、あらかじめ起こしそうな事故を予測し、対策を講じておくことも、親に求められる責任でしょう。後を追ってついて来た子に気づかず鉄扉でつぶしたなどは、いかにもつらいことです。

事故の応急処置

気づいたら死んだみたい!

いままでなんともなかった子が、ふと見ると、死んだみたい、白い顔になって息もなさそう、抱き上げてもぐったりというときには、一刻を争って——。「突然死」か「窒息死」の可能性があります。

①すぐ119番。ごく近くに病院があれば駆け込む。

②救急車がくるまで、人工呼吸（次ページ）と心臓マッサージ（次々ページ）を。

ただし、「ひきつけ」とまちがえない。「ひきつけ」なら、あわてることはない。（一六〇ページ）

ひきつけた（一六〇ページ）

のどに物をつめた

急に目を白黒させ、息がつまったように苦しみだしたら、なにかをのどにつまらせたかも。とくに食事中と、小さいもので遊んでいたときには可能性が大きい。その場に居合わせた人が助けてやらねば——。完全にのどをふさいでいたら、救急車でも間に合いません。

①口をこじあけ、物が見えたら、指でかき出す。うまく取れなければ、無理はせず②を。

②片方の腕に、うつぶせに抱きかかえ、背中をドンドンと強く押すようにたたく。

③それでも吐かなければ、後ろから両腕をまわして抱き、赤ちゃんの胃のあたりを、力をこめ、上方に向かってグッと押す。

④それでも苦しんでいたら、救急車が来るまで、頭を横に向けて人工呼吸を。

注　すぐ平気な顔にもどったり、大声で泣きだしたら、あわてることはない。→「異物を飲んだ」（二五四ページ）

人工呼吸法（マウス・ツー・マウス法）

息が止まっているときには、すぐ人工呼吸を始めねばなりません。救急車を呼びますが、その場で、人工呼吸をちゃんとやるかやらないかが、子どもの生命を決めることがあります。

①まず脈をみてください。脈も止まっていれば、心臓マッサージ（次ページの図）もやらねばなりません。

②なるべく固いものの上にあお向けに寝かせ、頭を後ろにのけぞらせます。

口を子どもの鼻と口に当てて息を吹きこむ（１分間に20回）

③口の中に血やよだれ、吐物などがたまっていたら、顔を横に向け、指でかきだすこと。

④自分の口で、子どもの口と鼻をおおい、すばやく四回ほど息を吹きこみます。

⑤その後は、一分間に二〇回の割合で、息を吹きこみます（あまり強く吹かぬこと）。

⑥毎回、吹きこんだら口をはなして、息が吐き出さ

れてくるのを確かめてください。

心臓マッサージ法

①床か固い台の上にあお向けに寝かせ、頭を後ろにのけぞらせます。

②人さし指と中指を並べて、指先をまっすぐ、胸骨の中央部（およそ両乳首を結ぶ線上のまん中）に当てます。このとき、子どもの背中に、片方の手を当てておくとよいでしょう。

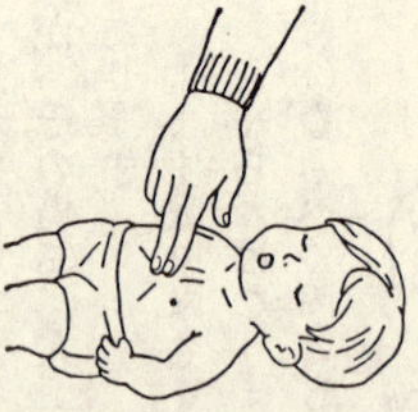

人さし指と中指を並べて、指先で胸骨中央部を押したりはなしたりする（1分間に80〜90回）

③胸に当てた指先を一分間に八〇〜九〇回（およそ脈の速さ）の割合で、ぎゅっと深く押しこんだり、はなしたりします。

④五回くらい押すごとに、人工呼吸（前ページ図）もやらねばなりません。

⑤脈が打ち始めたら、心臓マッサージはやめます。

異物を飲んだ

A　固い物を飲みこんだ

一瞬、目を白黒させてもがいても、すぐ平気な顔にもどったり、大声でひと泣きしてやみ、ふつうに遊びだしたら、その物はどこにも引っかからず、胃の中に入ったと考えてよい。小さなおもちゃ類、コイン、ボタンなどはまず心配いりません。針やピンのような尖った物でも、意外に胃腸内を通過して出てしまうもの。二、三日間、大便をよく調べ、排泄されれば安心です。万一、腹痛や吐き気を起こしたら、至急、検査を受けること。三日以上たっても排泄されないときも、一応調べてもらうのがいい。ボタン型アルカリ電池の場合も、自然に出させるのがよいですが、外科医の指示を受けてください。

注　激しくむせこんだときは、気管支に入ったかも。その後のようすに注意を。↓一八一ページ

B　有毒物を食べた、飲んだ

乾燥剤、蚊取り線香、マッチ、クレヨン、粘土などは、ほとんど心配無用。化粧品は固形なら大丈夫、液状は量が多いと危険。体温計の水銀も口内に傷をつけるくらいですみます。洗剤、消毒剤は濃度と量によります。防虫剤はパラゾールならなん錠も食べなければ大丈夫ですが、ナフタリンとしょうのうは危険を残します。たばこは紙巻きで三分の一以下なら、少し気持ち悪くなるくらい。トイレや入れ歯の洗浄剤は作用が強く、医薬品は種類と量によりひじょうに危険です。いずれの場合も――

①どれだけ飲み込んだか量を確かめる。

②牛乳かお茶か水を、なるたけたくさん飲ませる（ただしナフタリンには牛乳はいけない）。

③種類、濃度、量によって毒性が強いと思われる場合は、②の直後、口に指を突っ込んで吐かせる（ただし意識がないとき、酸、アルカリ、石油類は吐かせてはいけない）。そ

うしておいて医者に相談を。うまく吐かなければ、すぐ医者へ。
注 医者にもらった薬は、その医者に処方と応急処置法を聞くのがいちばん。危険性が不明のときは中毒一一〇番へ。関東ならつくば029・852・9999、関西なら大阪072・727・2499。

頭を打った
①すぐ泣き、すぐ泣きやんでケロリとしていればまず安心。その後三、四日次の三点に注意。なんともなければ大丈夫。もしこのうち一点でも現れたら病院へ。
(1)しきりにぐずる(頭がいたい)
(2)しきりに吐く
(3)意識がおかしい、ひきつけた
②すぐ泣きださず、ぐったりし、青くなって、名を呼んでも応えないとか、その場でひきつけているときは、大至急脳外科のある病院へ。
③いったん気づいても、もうろうとしているときや、元気でも、あまり高いところから落ちたときには、念のため病院へ。

やけど
①水道の水をかけるか、容器にはった水につけて、できるだけ長く冷やす。
②衣服の上からやけどしたときは脱がさず水をかけて冷やし、あとでハサミで切る。
③肌が赤くなった程度なら、冷やしたあと、副腎皮質ホルモンの軟膏を塗るとよい。

④皮が赤むけになったら、きれいな布で軽くおおって医者へ。
⑤大やけどのときは、①の後、頭を少し低く抱いて大至急病院へ。

おぼれた

①息がつまっていたら、すぐ人工呼吸を↓二五一ページ
②脈がふれなければ、すぐ心臓マッサージを↓二五二ページ
③からだを毛布で包むなどしてあたため、手足を強くマッサージする。
④救急車または医者を呼ぶ。

ひとり立ち

お誕生日前後になると、赤ちゃんは楽しくもまた恐れの多い時代を迎えます。ひとりで立ち、歩き始めた赤ちゃんは、わき上がるような喜びをかみしめながら、緊張と不安にからだを硬くしています。それまではほんの身のまわりしか定かでなかったのが、あたりの世界に大きく目をあけて、ものみな珍しく面白く、でも、どうかすると震えるような恐怖に襲われて親にしがみつく。それでもやっぱり歩は進め、未知のものには挑戦したい。そして成功したときの満足感は、たまらないほどの魅力だろうと思います。

こんな様子の赤ちゃんには、とにかく、支持を与えてください。みんなして「あんよは上手」とほめてやる。「おころびお下手」は「あーあ」といった程度の気分にと

どめ、せかしたり、どっと大声で笑ったりは禁物。外で歩けるようになっても、温かく見守る心がほしい。

自立の力をつけたいというので、転んだとき、親が立ったまま見下ろし、起き上がるのを命ずるだけというのは、好みません。せめて、そばにしゃがんで励まし、場合によっては手を貸すくらいしてやったらどうでしょう。

なんでも「ひとりでできる」ことを求めるのは冷たい世の中です。そこでは、ひとは安らぎを得がたいし、したがって、心底からの自立もできにくいと思います。自立には他者への依存が必要なのです。歩き始めの赤ちゃんが、なん歩か行くとかならず振り返る、親がにっこり笑う、それでまた先へ進めるのです。このとき、もし親がいなかったり、そっぽを向いていたら、もう足はすくんでしまうでしょう。まして、脅すようなことは、できるだけ避けたいものです。

この時期の赤ちゃんは感受性が鋭敏になっていますから、ちょっとしたことでひどくおびえます。あまりおびえさせると臆病になるし、長い間心に残る傷を負わせてしまうかもしれません。

だだをこねるときには、なにがそうさせているかをよく考えてみてください。「自分でやりたい」のだけれど、ためらいがある、うまくできない、あるいは阻止されたといった場合、感情を整理するのはむずかしい。これは、赤ちゃんの意地をつぶさぬ程度に助けてやり、本人の「やりたい」衝動は、他のことででも満たしてやるといった対応が、よいのではないでしょうか。その「やりたい」ことを、親にわかってもらえないもどかしさで、ぐずっている場合もありそうです。赤ちゃんの身になって考えてやれれば、たとえ事態を察知できなくとも、こじれることはないと思います。

次の子

　赤ちゃんがお誕生日の前後、動き回るころになると、次の子が出来たのに気づくことがあります。意に反してという場合もありましょうし、また、こしらえたい気になっていてという場合もあるでしょう。いずれにしても、今の子を孕んだときとはやや異なった感慨を覚えるにちがいありません。

　とにかく大変になるのは目に見えています。一人でも手に余るくらいなのに、この上どうやって二人を育てるか、いざ現実となるとやっぱり厳しい。生活、とくに家計と住居の事情、仕事との兼ね合いをどうするかが、差し当たっての問題になるでしょうか。

　夫婦ともに働く家庭では、ようやく仕事にもどれる感じになったところに、また同

じブレーキが倍になってかかってくる。すくなくも女性は、再び仕事を休まねばならないのです。

今の赤ちゃんとの関係も、大いに気になるはず。はたして次の子も同じようにかわいがれるだろうか。上になる子に手が十分かけられなくなるけれど、大丈夫かしら、なんだかかわいそう。そんな心配を、どの親も大なり小なり持つようです。ひとりっ子でいるよりは増しだろうか、間は近いのと遠いのとどちらがいいか、離すとしてなん年くらいが理想的かといった迷いも生じてきます。

こうしたさまざまなことは、現在コントロール中の夫婦にとっても、常に突きつけ続けられている難問であるでしょう。やはり、二番目の子は、最初の子と両親とでつくり出した「家族」をどうあやなしてゆくか、その図柄をより決定づけていく存在なのです。

そうだとすれば、「次の子」への対応は、まずは夫婦と第一子とで共有したい。産むのならば、それぞれの人生設計をあらためて了解し合い、三人で誕生を待つようにするのがよいと思います。

母親が妊娠すると、幼い子でも敏感に察知するし、親も構えがちになるので、早く話してやり、大きくなったおなかを大切にする約束などして、たがいにいらだたない工夫を。父親がかまってやる機会を多くすれば母親を奪われる不安を静めることができるでしょう。定期の健康診断にいっしょに連れて行くのは、産院になじめてよさそう。いざ出産のとき、父親または祖父母ら、なじんだひととともに母親の傍らに寄れば、ずいぶんと安心するかと思います。

「次の子」は出来てしまえば、十分にかわいいし、男でも女でも変わらぬもの、「上の子」も程なく落ち着くことでしょう。

あなたの子どもは

カーリル・ギブラン
霜田静志訳

あなたの子どもはあなたの子どもではない。
子どもは「生命」の渇望からの子どもである。
子どもはあなたを通って来る。
しかしあなたからではない。
子どもはあなたと共にある。
しかし子どもはあなたのものではない。

あなたは子どもに愛を与えることができる。
しかし考えを与えることはできない。
子どもは自分の考えをもっているのだから。

あなたは子どもの体を動かしてやれる。
しかし子どもの心は動かせない。
子どもは明日の家に生きている。
あなたはそれを訪ねることも、夢みることもできない。
あなたは子どもを好くようになれるであろう。
けれども子どもがあなたを好くようにならせようとはしなさるな。
人生は後に退き昨日にとどまるものではないのだから。
あなたは弓である。
そしてあなたの子どもらは
生きた矢としてあなたの手から放たれる。
・　・　・　・　・
弓ひくあなたの手にこそ喜びあれと

あとがき

なにが、ぼくに、このような本をつくらせたのでしょうか。ものを書いて多くのひとに読ませようとする、その動機はどこにあるのか——自分でもよくわかりません。が、たぶん、ぼくの、こんどの場合は、「ひと」への強い恋であったのかと思います。

ひととひととは求め合っても、通底しにくく、だからこそあがくのですが、それでもやっぱり違いは違い、別れすら避けることはむつかしい。小児科の医者として、毎日たくさんの子どもとその親と触れていて、いつも感じているのはそんなこと。なんとか心温かく過ごせる手だてはないものか。その模索が、この本になったような気がします。

通じ合いは、ちょっとした言葉でも可能なようですが、いまひとつ突っ込めば、かんたんではないでしょう。そこには、どうしても折り入った話が必要。かねがね「育児相談」をしていて、もどかしかったのは、それができないことでした。もしかして、「ハウ・ツー」だけの応対ですませていれば楽なのかもしれません。その場合、医師という職能でひとと対していればよいのですから。でも、子育ては暮らしであって、込み入った人生の道行き。とても、医学の知識と技術だけでおおえるものではありません。「ハウ・ツー」でかたがつくこともありますが、多く満たされぬ思いを残してしまうのは、そのためでしょう。

ぼくは、この本で、そこのところを埋めたかった。そうなると、ごたごたした生活の実態やら感覚、こころの揺れにまで、いっしょになって入ってゆかなければなりません。これはまとまりのつきにくいことであるけれど、だからといって、醒めた知的啓蒙を持ってきても駄目なように思われました。「知」はものごとを判断する力をもたらしてくれますが、どことなくよそよそしい、客観にすぎる気がします。すくなくも、「百科全書」式の網羅的解説や「カタログ」風の情報提供では、頭がわかっても、なかなか腑にはおちそうにありません。いきおい、この本では、テーマを細切れにせず、むしろ大まかにとって、そこに共通する機微をつかんでみたくなったのです。叙述が育児のレベルをはみだして、人間、社会、文化といったところにまで及んでしまったのは、そのためでした。

かんじんの赤ちゃんのことも、その身体と心への肉迫を試みましたが、そこからだけ育児のありかたを決めたくはなかった。赤ちゃんは、親をはじめ祖父母、近隣、友人、保育士などとのかかわりで育ってゆきます。その関係は全人格的であって、一生の奥行きを秘めたものでもあるでしょう。ですから、ここでは「月齢別」「発達領域別」に分けて応ずることを、あえて避けねばなりませんでした。同じ理由で、母親だけに育児の責任を負わせることには反発がありました。すくなくも、父親は関係が深い。その二人と赤ちゃんとのからみは、育児にとって大きな意味をもつはずです。そのように事態をみたとき、男と女、親と子という永遠の課題に迫られるのも仕方のないことだったでしょう。

こうしたこの本の性格は、エッセイ風な散文では、じゅうぶんに意をつくすことができません。元になったのが、新聞に連載のコラム記事なので、その制約も気になります。そこで、いくつかぼくの好きな詩など韻文を借り、舌足らずのところは説明も書き加えました。そのことによって、具体的に悩みに答えながら、心の深みで感じ取っていただける「育児書」が出来たと思っています。快く作品を提供してくださった八人のかたに感謝しなければなりません。

ぼくにとって、新聞に連載を始めてから、こうして本になるまで、日頃漠然と感じていることをえぐり、考えを確かめ、その裏付けを取ったうえで、いかに文章に表現するか、身を削るような毎日でした。それを支え、読者の側に立って意見を述べて下さった朝日新聞の佐藤洋子さんの援助をありがたく思い返します。出版するに当っては、筑摩書房の古川清治さんにわがままをいい、前澤美智子さんにも協力を願って、「赤ちゃんのいる暮らし」にふさわしい本づくりをめざしました。それを引き取って和田誠さんが、これまでのぼくの本にはなかった「楽しいものをつくってあげたい」といって、忙しいなか、装幀から本文の組みかた、はてはカット、イラストに至るまで、全部のブック・デザインをして下さったのは、なんともいえぬ嬉しいことです。

連載中、共感やら励ましやら、あるいは意見、批判など忌憚なく寄せてくださったかたがたは多く、一つひとつ身の足しにさせていただきました。仕事のあいだ気を使い、手伝いすらしてくれた妻や娘たちとともに、心にしみる好意を感じます。それやこれや、責任が大きく苦しくもあったけれど、ぼくにとってこの本はことのほか愛着を覚える本になったようです。

現在（一九八三年）、同じ朝日新聞で、前から引きつづき石亀泰郎さんのかわいい子どもの写真つきで掲載させてもらっている「幼い子のいる暮らし」も、おそらく一年後には続編として筑摩書房から出版できることでしょう。「ひとへの恋」がみのりをたわわにするのを願っています。

一九八三年四月桜のほころぶころ

一年後のあとがき

また一年、「ひとへの恋」を求め、満たされぬあがきがありました。それを『幼い子のいる暮らし』として、筑摩書房がこの本のきょうだいにしてくれました。そちらは、半分を乳幼児の病気にあてています。

ですから、赤ちゃんの心配ごとや病気を詳しくお知りになりたいかたは、そのなかの「暮らしの小児科——乳幼児の病気」のところを利用してくだされば嬉しいと思います。

一九八四年四月『幼い子のいる暮らし』誕生の日

新版のあとがき

気付いてみたら、この本が誕生してから、もう七年もたってしまいました。時代も、十進法で記録すると、八〇年代から九〇年代へと、さまが変わりました。

さて、そうすると、この本も、さまが気になります。内容が古くなっているのではないかという心配です。でも、どう考えても「暮らし」はそんなに急に「古臭く」なるはずはありません。赤ちゃんだって、カビが生えてしまうわけはないでしょう。

この本は、まあ「育児書」の仲間に入れてもらえるのでしょうが、その育児のことでも、科学より生活として、また技術より心情として、とらえていたので、そんなに時代遅れになっているとは思えません。

けれど、ああ、医学や医療、保健に直接に関係する部分だけは、やっぱり時代の波をもろに受けて、ズレが起きるのを避けることはできませんでした。

そこで、これは著者としての責任、そのズレは読者の期待を裏切るだけでなく、ものによっては被害を与えてしまう恐れさえあります。発行もとの筑摩書房も、その責任を感じて、ここに「新版」を出してくれる運びになったしだいです。

一九九〇年四月　世界的歴史の転換を目の前にしつつ

毛利子来

文庫版あとがき

『新版　赤ちゃんのいる暮らし』が文庫版になって、とっても嬉しいです。それだけ手軽に、より多くの人に読んでいただけるだろうからです。

朝日新聞に連載していたコラム記事が最初に『赤ちゃんのいる暮らし』として本になったのが、一九八三年でした。気がつくと、この本が誕生してから三〇年近くの年月が過ぎました。もしかしたら、『赤ちゃんのいる暮らし』を読んだ親に育てられた子が、母となり父となり、この本を手にとってくださっているのかもしれません。あるいは、子が巣立ち、あわただしく過ぎていったわが家の〝赤ちゃんのいる暮らし〟をなつかしく思い、手にしてくれた方もいるかもしれません。もちろん、この本のことをまったく知らずに「なんとなく」手にした方もいることでしょう。

九〇年代、携帯電話やパソコンが暮らしに入ってきて、暮らしの様相も変わりました。また、おむつもここでは布おむつを中心に書きましたが、今では布は少数派。多くは紙おむつを使っていることでしょう。このように、ところどころ内容が古くなっているのではないか、という心配はありますが、この本は赤ちゃんのいる暮らしの夕イトルのとおりに、新しい家族を迎えた親の心情や生活をとらえたものです。そうした人の心や生活は、ぼくの診察室にやってくる家族のさまをみていても、まだまだ時代遅れにはなっていないように感じています。

ただ、きっとなにかいたらないところもあろうかと思います。お気づきになったことは、どうぞ、ご遠慮なくお申し出ください。できるだけ早く、修正するように努めるつもりでいます。

二〇一二年一月末日

毛利　子来

解説　途方に暮れて

本上まなみ

「さあさあこれからどうしよう⁉」

この本は、生まれたてのちっちゃな赤ちゃんを胸に、幸せと同じくらいの大きなドキドキを抱えたママとパパのために書かれたものです。

途方に暮れる、という言葉が新米ママパパにはいちばんぴったり来ます。確かに私も暮れに暮れていましたっけ。

赤ちゃんかあ。この言葉だけで、やってきてくれたあの頃のあの匂いがよみがえる。抽斗《ひきだし》に眠っている、ミッフィーの絵の我が子の母子手帳を久方ぶりに取り出してぱらぱらめくってみます。

生後一カ月のページ‥《日中の母乳が足りているようだから夜中無理に起こして飲ませなくても大丈夫ですよとアドバイスを受ける。安心した。》《首が自由に動かせるようになってきて、後頭部の髪の毛があやしくなってきています。》

三、四カ月‥《4月27日初めて笑い声を出す。3回。うれしくてうれしくてその後も催促してみるがだめ》《5月6日寝返り成功。得意そうに何度も繰り返すのがおも

しろい。》

九、十カ月‥《離乳食を食べるときはとても慎重なのに、床に落ちている糸くずなどはすぐに口に入れてしまうのが不思議。》

確かに自分の字、自分が書いたはずなのに、読んでみると忘れてしまっているものだなあ。たった五年前のことだけど。生まれたばかりの赤ちゃんの薄毛を心配しているなんて、ずいぶんのんきな母親でした。でもあれはあれで真剣だったの。「ずっと寝ハゲのままだったらどうしよう?」なんて。

思えば赤ちゃんって、一挙手一投足一現象が親にとって喜びであり疑問符であるんですよね。

著者の毛利子来先生は冒頭「産院から帰って」という章で、こんな風に語りかけます。

《……気張らず、いやになったら適当にするくらいののんきさを持ったほうがよさそうです。完璧な世話よりも、見つめ、においをかぎ、愛撫して暮らしてください。すやすや眠るわが子を眺めながら、二人してワインなど傾けるひとときもいいものではないでしょうか。》

「適当にする」「においをかぎ」「ワイン」⁉

毛利先生は小児科のお医者さん。こんな言葉にびっくりしたのは、多分私だけではないはず……ですよね？　産院から帰ったばかりといえば、赤ちゃんの抱き方もまだぎこちなく、おむつの替え方、おっぱいのふくませ方も助産師さんに手取り足取り教えてもらってようやくコツがつかめかけたかな、という時期。私の場合、赤ちゃんを前に（確かこうだったよね）と独りごちていました。

「家はやっぱり落ち着くねえ」なんて余裕は毛頭なく、やることはいっぱい、慣れないことは満載で、肩に力が入ってかちかちになっていたことがまだ記憶に新しい。〝父〟となった夫はというと、斜め後ろからそーっと、赤ちゃんを覗きこみつつ私の顔色を窺ったりして、こちらはこちらでやや腰が引けていた（ように見えました）。

あのときの我が家にこの本があったら、毛利先生の言葉に、きっといったんはひっくり返ったでしょう。そうして、ふふふと笑って、緊張も早くとけたんだろうな。リラックスしてねっていうメッセージが、きっと涙が出るくらい嬉しかったはず。ああ、もっと早く出会っていたかったなあ。心からそう思います（白状すると、実は今頃読んだんです）。

この本が世に出たのは一九八三年、新版になったのが一九九〇年。誕生してから三〇年も読み継がれてきた育児書のロングセラーです。出初めに読んだ方のお子さんはすでに成人している年齢。つまり二世代に渡って読まれる方もいらっしゃるということだ。

著者の毛利先生は《どう考えても、「暮らし」はそんなに急に「古臭く」なるはずはありません。赤ちゃんだって、カビが生えてしまうわけはないでしょう。》と「新版のあとがき」で書いておられるように、つまり、初めの一歩を踏み出そうという親の心情なんて、三〇年前も今ももちろん変わらないということでしょう。それくらい共感を得続けている本なのですね。

誰にとっても「初めて」は、たった一回きりの貴重な瞬間。私の親もそうだったはず。そう考えると、なあんだ自分だけじゃないのねって、ほっとします。そうして、この貴重な瞬間を満喫したいなと、明るく楽しい気持ちになれると思います。

冒頭に込められた思いは、全編を通して繰り返し繰り返し語られていきます。ときにユーモアも交えながら。

笑いって大事ですよね。育児を始めたばかりのころは、慎重になりがち。加減がわからないだけに、過剰に心配になるものでした。とにかく病気にならぬよう、そればかりが気にかかる。寒ければぐるぐる巻きにしたいし、うんちが出ないとなるとお腹のふくらみが妙に目につく。どこかで詰まっているんじゃないかと腸の動きを透視したい気持ちになってきます。
ちなみにこの件、毛利先生によればこんな具合です。
《いつに変わらず元気があり、きげんも良く、乳の飲みも減らないし、発育も順調なら、支障がない証拠。なんの支障もなければ、いまの「うんこ」のしかたを変えるいわれは、赤ちゃんにはありません。》
ほー、確かにそうだ！
《そういうものとして受け取ることが、親たるものの度量として求められます。》
がーん。こっちの度量がなさ過ぎだったってわけか。私ったら定期検診のたびに「困った困った」と連発していましたよ。
寝かしつけについては、《赤ちゃんに眠ってほしいと思ったら、心底から「頼んで」みることです。》って。ああ確かに、寝てくれない娘を前に、立ちすくんだことがありました。何で何で？　とその理由をぎろぎろと探ったものだったけど、確かに赤ちゃんの側に立ってみると、そんなテンション高い母さんが横にいたら眠れないよなあ。「頼む」ことを想像するとつい笑っちゃうけど、「なんだか寝付けないわ」なんて大人でもしょっちゅうあること。その心持ちでいるのがいいのかもしれませんね。

挫折しそうになった、へこんだ日のことは今でもよく覚えています。

生後三か月に入ったころ、突然おっぱいが出ない事態になったのです。夜中でした。授乳してもどうにも満たされないようすで、ぐずぐずびしょびしょと娘が泣き続けたのです。初めての体験でした。完全母乳だったため粉ミルクの買い置きもしていなかったの。

あのときは大げさでなく絶望の淵に立った気分だったなあ。娘の命の泉が涸れてしまった！　このままでは泣いているうちに喉もからからお腹ももっと減って、朝までもたないかも……。どうしようどうしよう。よりによってこんな夜中に出なくなるとは、なんてダメな母さんなんだ、って、焦っているうちにこっちまで泣けてきたのであります。今なら笑い話なんですが。

「とりあえず、きみは寝た方がいい」夫は娘を抱っこしながら言いました、「心配しないで。抱っこで寝るかも」と。

今考えると母乳が出なくなった原因は、相当疲れていたからだと思う。仕事を再開してひと月経ったころだったのです。日々の世話で睡眠が十分なわけでもないのに、仕事をお休みしていた分ちゃんとやらなきゃって、気が張っていたんでしょうね。あの夜、バトンタッチしてくれた夫に感謝しました。「僕らの赤ちゃん」って、はっきした。

りませんでした。翌朝、おっぱいはふたたび出るようになり行動で示してくれた気がしたのです。

これが正解！っていうものがいまひとつ見えにくい育児。成果がすぐにわかるものではないところがまた不安の要素であったりします。「これは一体どうすれば？」「理由がわからん」なんてことが山積みで、推測したり悩んだりでくたびれてしまうこともしばしばありました。

でも、共に生活をしていくうちに、だんだんと娘と波長が合ってくるのがわかった。なんとなく気分が伝わってくるようになったのです。それは漫然としたものではなくてピンポイントで来ました。最初は表情で。そしてだんだん言葉を使って。「あーうー」「やいやい」と、何かしゃべろうとしていたのです。相づちをうつとさらに乗ってきたりして。ずーっと、こちらから一方的にコミュニケーションをとっている気になっていたけれど、違ったんですね。話し方や表情を見て聞いて覚えて、自分でも真似したくなったみたい。

それがわかったとき、赤ちゃんってすごい！と思いました。

もう一度赤ちゃんを育てることができるなら、次は違ったアプローチをするかもしれない。前よりもっと上手にできるはずです（たぶん先生の教え通り「適当に」）。でも、あの初めてのドキドキ、右往左往しながらもがっつり向き合った日々は、やっぱり一度目だけのもの。「究極に幸せ」ってこととイコールなんじゃないかと思ったりもするのです。

娘が一歳の誕生日を迎えたとき、ふと肩の荷が軽くなった気がしました。よろめきながらも自力で立ち、歩み出した娘。四本の歯でニカリと笑う様子は「かわいい顔」というより「おもしろ顔」って感じだけど、これはこれで愛着のわく顔だなあとけっこう前向きにとらえたりして。

やっと、ちょっと客観的に見つめることができるようになった。さみしくも嬉しい瞬間です。

毛利先生は、赤ちゃんを「ひと」と思って向き合い接することの大事さを教えてくれます。《「世話」をするには、なによりその当人の身になってあげることが大切だと思います。それを欠いた「世話」は「ありがためいわく」になりかねません。》

なるほどなるほど。未熟であっても「ひと」は「ひと」。

これは育児の本なのですが、実はそれ以上にタイトル通り「暮らし」の本なのだと思います。夫婦単位の暮らしから「赤ちゃんのいる暮らし」へ。家族の一員として赤ちゃんをどう迎えるか、迎える立場のオトナ（＝ほとんどコドモ）が戸惑わないようにという、共同生活の心構えを指南する本。人と人とのおつきあいの本なのですね。

母子手帳と同じ抽斗に、とある写真があって。

五年前私が産院で撮った写真ですが、病室の窓際で夫がパイプ椅子に座って、生まれて数日の赤ちゃんを抱いている、というよりただ持っているという感じ。ちっちゃなちっちゃな、まだ名前もない生き物を両手に置いて、朝の眩しい逆光の中でボーゼンとしています。全身で「途方に暮れている」の図。丸まった背中には「これからどうしよう⁉」とはっきり書かれています。

あの頃の彼であり、全く同じ気持ちでいた私の姿です。

繰り返しになりますが、あのときの二人にこの本を手渡したかったなあ。

（ほんじょう・まなみ／女優）

さくいん

本書は一九九〇年五月、筑摩書房より刊行された。

ちくま文庫

新版《しんぱん》　赤《あか》ちゃんのいる暮《く》らし

二〇一二年三月十日　第一刷発行

著　者　毛利子来（もうり・たねき）
発行者　熊沢敏之
発行所　株式会社　筑摩書房
東京都台東区蔵前二―五―三　〒一一一―八七五五
振替〇〇一六〇―八―四一二三
装幀者　安野光雅
印刷所　中央精版印刷株式会社
製本所　中央精版印刷株式会社

乱丁・落丁本の場合は、左記宛にご送付下さい。
送料小社負担でお取り替えいたします。
ご注文・お問い合わせも左記へお願いします。
筑摩書房サービスセンター
埼玉県さいたま市北区櫛引町二―六〇四　〒三三一―八五〇七
電話番号　〇四八―六五一―〇〇五三

ISBN978-4-480-42916-2 C0177